Marcus Aurelius'
tanker til sig selv

Marcus Aurelius' tanker til sig selv

Oversættelse fra græsk i udvalg
med oplysende noter samt en
indledning om stoicismen
af
K. G. Brøndsted

imprimatur

Marcus Aurelius' tanker til sig selv
redigeret af Peter Eliot Juhl på grundlag af
Kejser Marcus Aurelius: Tanker »til sig selv«
3. udgave, 1940, ved K. G. Brøndsted
© 2021 Aurelius, Marcus
Forlag: BoD – Books on Demand, Hellerup, Danmark
Tryk: BoD – Books on Demand, Norderstedt, Tyskland
ISBN: 9788743033776

imprimatur

INDLEDNING OM STOICISME

Oldtidens Hellas er vor europæiske kulturs vugge, det romerske verdensrige dens fortsatte bærer og overleverer til efterslægten. Men af de oldtidens vismænd, filosoffer og filosofiske såkaldte »skoler«, hvis forskellige verdensanskuelser og levevisdomme i så mange århundreder afgørende prægede åndskulturen og så at sige tænkemåden hos den dannede menneskehed — af dem er der til nutidens brede folkelige bevidsthed ikke nået stort andet end nogle få navnes klang med svagt vedhængende begreb: en *sofist*, det er en fiffig ordkløver; *Sokrates*, en ædel vismand hvis kone var en rappenskralde, og som til sidst blev uretfærdigt dømt til døden af nogle dumrianer af nævninge; *Platon*, det var ham med platonisk kærlighed, hvilket er noget vanskeligt noget; *kyniker*, en ublufærdig person, som man ikke kan bede sammen med folk, fordi han siger tingene lige ud; *skeptiker*, en noget ubehagelig herre, der aldrig vil tro hvad man siger; *epikuræer*, en rigtig levemand, men ellers meget behagelig i selskabslivet; *stoiker*, et hårdt, ubøjeligt og upåvirkeligt menneske, vanskelig at omgås.

Nærværende skrift, hvis opgave er at give danske læsere et indblik i en ædel stoikers hjerte og vise det netop blødt og påvirkeligt og overordentlig stemningsvekslende, må til forståelse begynde med en udredning — nogenlunde populær — af stoicismen selv, hvad den er.

I Athen, ligesom i Hellas' andre større byer, var man allerede før Sokrates, men navnlig og væsentlig ved hans påvirkning, kommet til at anse »filosofi« for at høre med til den modnere ungdoms fuldkomne opdragelse, dvs. man søgte en undervisning som førte langt ud over de gamle børneskolefag (læse, skrive, regne, lidt lyrik og musik og megen gymnastik) og som gik ved siden af den nyere og praktisk vigtige uddannelse i veltalenhed. Man søgte nemlig en undervisning i »kunsten at leve« — vi ville måske sige »åndsudvikling« —, som kunne danne grundlaget for en verdensanskuelse og en livsanskuelse.

Platon var den første, som, især ved foredragsrækker og øvelser, stiftede noget man kunne kalde »skole« i moderne forstand. Denne skole kaldtes efter lokalet: den *akademiske*[1]. Ham fulgte snart Aristoteles med en skole af en noget anden karakter, hvilken (ligeledes efter sit lokale) kaldes den *peripatetiske*[2]. I tiden efter Alexander den Store, altså ca. 300 år f. Kr., stiftedes derpå de to hinanden modstridende skoler, skønt begge søgte livets lykke — nemlig den *epikuræiske* (efter stifteren) og den *stoiske* (efter lokalet, en »stoa« eller søjlehal i Athen). Hin søgte lykken i forstandig nydelse af livets goder, denne i »dyden« dvs. karakterens styrkelse, særlig imod livets ulykker — altså just de to grundforskellige idealer, som endnu, bevidst eller ubevidst, danner kløft mellem mennesker, især mellem kulturmennesker; nu ville man måske sige: kløft mellem udprægede æstetikere og udprægede moralister. For skønt grænsen mellem disse mennesker, taget som to arter, jo nok er flydende, nu som i oldtiden — navnlig er (og var) der vel ikke få moralister af navn, som i virkeligheden tænker og lever på æstetik —, så er dog kløften mellem selve principperne nydelse og dyd uoverstigelig. Og sandt er det, hvad Platon et sted lader Sokrates sige om mennesker af grundforskellig livsanskuelse, at de »foragter hinanden, når de har gennemskuet hinandens åndsretning«, for den konsekvente æstetiker må regne moralisten for enten en hykler eller en nar, og den konsekvente moralist må se på nydelsesmennesket med beklagelse som på et ganske forfejlet individ. Netop sådan så også i oldtiden den konsekvente stoiker og den konsekvente epikuræer

---

1) »Akademia« var oprindeligt en plads viet til en heros Akademos.
2) Næppe fordi de skulle have »spadseret« under undervisningen (skønt »peripatein« betyder »spadsere«), for undervisningen var metodisk, og disciplene opskrev som i »kollegiehæfter«. Sandsynligvis har undervisningssalen i Lykeion (Aristoteles' gymnasium) heddet »Peripatos« efter dens oprindelige bestemmelse (spadseresalen eller en slags foyer).

på hinanden: der var aldrig fred mellem disse to skoler. Den stoiske skole er stiftet af Zenon ca. 300 f. Kr., men det er Khrysippos, som en menneskealder senere i en uhyre mængde bøger — der siges 705[1] — har udviklet systemet, således som det i de væsentligste træk holdt sig fra skolárkh (skoleforstander) til skolárkh gennem 500 år, og måske meget længere holdt sig i »lærestolen« i Athen og ellers i dannede menneskers bevidsthed, i hele den græsk-latinske verden.

Byggende på tanker og kategorier, arvet især fra Platon og Aristoteles, til dels også fra filosoffer før Sokrates, oprejste Khrysippos og de ham nærmeste skolárkher en imponerende tankebygning: en verdensanskuelse og en livsanskuelse, som i visse måder gjorde det ud for religion, og — som sådan — senere i tiden dannede et af de fasteste bolværker mod den fremtrængende kristendom.

Khrysippos' bøger er forsvundet, endog hans navn er nu kun en klang og knap det, men stoicismen selv kender vi ganske godt fra senere tiders forfattere, som vel (til dels) formildede den stoiske livsfølelse, men ikke rørte synderligt ved systemet. Nemlig af latinske forfattere især Cicero og Seneca, af græske Epiktetos og Marcus Aurelius. Disse nævnte var selv stoikere (Cicero dog kun delvis). Af andenrangs kilder har vi nogle ikke-stoikere, som dog giver besked om stoicismen, nemlig grækerne Plutarkh og senere Diogenes fra Laërte, hin ved adskillige små afhandlinger mod stoikerne i sine »Moralia«, denne ved sin »Filosofhistorie«. Efter disse kilder kan vi nogenlunde opridse Khrysippos', det er stoicismens lære, for, som Diogenes Laërtios siger: »Hvis Khrysippos ikke var, så ville stoa ikke være«.

Nærværende kortfattede redegørelse vil dog kun omfatte det i systemet, som fik blivende kulturhistorisk betydning (for Khry-

---

1) dog: i oldtiden brugtes navnet »bøger« også om mindre afhandlinger, ja hyppigst om afdelinger af større værker, altså næsten hvad *vi* ville kalde »kapitler«. Således er Marcus Aurelius' hele værk, der tilsammen ikke fylder stort over 150 små trykte tekstsider, inddelt i 12 »bøger«.

sippos inddrog også de rent sproglige fag i sit system). Dette bli-
vende er verdensanskuelsen og den dermed sammenhængende
livsanskuelse, hvilket netop er det, som tjener til forståelsen af
nærværende skrifts hovedemne, som er: Marcus Aurelius.

DEN STOISKE VERDENSANSKUELSE

Alle ting, alt eksisterende — genialt defineret som »det, hvor der
ikke er noget udenfor« — danner en stofligt sammenhængende
og velordnet enhed, kaldet *kosmos* (»ordningen«) eller *fysis*
(»tilværelsen«, »naturen«). Det, at kosmos er sammenhæn-
gende og i velordnet tilstand, skyldes en i alting boende eller
alt gennemstrømmende substans eller princip, der forholder
sig til kosmos som sjæl til legeme og karakteriseres som *pneuma*
(»ånde«) eller også som en slags ild, men tillige som *nus* [ud-
tales med langt u] (»tænkning« eller »tankestof«) eller som
logos (»fornuft«), eller det får andre navne af beslægtet betyd-
ning, ja endog benævnelsen *Gud* eller *Zeus* (dette sidste som en
slags akkomodering til folkereligion og statsreligion), men også
benævnelsen *anángke* (»nødvendighed«) eller et par andre glo-
ser, der betyder »fast skæbne«.

Alene af disse højst forskellige navne på det i alt iboende,
ordnende og sammenholdende princip kan man se, at det for
stoikerne selv var uklart, om dette princip var af åndelig eller
materiel natur. Eller rettere: man kan se, at forskellen selv ikke
var dem klar. Eller, måske aller rettest: de erkendte overhovedet
ingen væsensforskel mellem ånd og stof. Hvilket kan synes un-
derligt, efter at Platon i sin lære om *ideerne* havde skåret kløften
til bunds. Men rigtignok havde Aristoteles meget hurtigt deref-
ter atter materialiseret ideerne noget, og måske *er* sådan skarp
dualisme overhovedet uhellenisk tankegang.

Af samme navnes forskellighed fremgår endvidere en anden
uklarhed. Tillagde stoikerne hint ordnende princip nogen per-
sonlighed (jeg-hed) eller ikke? Stundom synes de at have gjort

det: man finder dette princip tillagt *pronoia* (»forsyn«), også *eudaimonia* (»lyksalighed«) og *thelema* (»villen«). Marcus Aurelius beder til, eller dog hylder, fysis (alnaturen). Men dette er vel mere et religiøst sinds trang og ønske end overbevisning, for i vejen står hint fysiske »pneuma« (ånde), og især det dødeligt isnende begreb, den ubøjelige nødvendighed, som alle stoikere erkender, og hvorefter alt i kosmos foregår, stort og småt, som i et på evighed indstillet urværk. Så der er ikke megen brug for »villen«, og selv »lyksaligheden« er vel ikke tænkt meget forskellig fra dogmet: at kosmos er fuldkomment, alt er som det skal være.

Verdensbilledet er altså: et altomfattende kosmos med en iboende sjæl, ligesom et levende væsen, et fuldkomment væsen, al-væsenet. Om dette bruges ligefrem ordet *zoon* (»levende væsen«). Også ordet *kosmos* bruges om denne helhed, ligeså ordet *fysis*, så at disse to gloser bliver tvetydige: snart er det verdenslegemet alene, snart er det verdenslegemet plus den iboende kraft. Om helheden siges også »Gud« (al-gud), hvilket altså ligeledes bliver tvetydigt, da det også brugtes om den iboende kraft alene. Stoicismen er da *panteisme* i reneste forstand: verden er Gud, Gud er verden, teologi falder sammen med fysik.

Verden er fuldkommen, da der ikke er noget uden for verden. Verden er god, for var den ikke det, ville den ikke være fuldkommen. Den er fuldkommen i alle sine tolv dele og enkeltheder, fuldkommen også i sine begivenheder. Hvad der i naturen synes ufuldkomment og i begivenheder ulykkeligt, er enten illusion eller også i det lange løb formålstjenligt for kosmos, altså godt[1]. Det såkaldte »onde« er formålstjenligt for kosmos, fordi det gode, ligesom alt, behøver sin modsætning; det onde hører ind under harmonien, er altså i virkeligheden godt. Alt hvad der er til, er *eo ipso* godt; at noget *er* godt, bevises ved, at det er *til*. Stoikerne imponerede *også* ved paradokser, som man ser.

---

1) Sml. det geniale lille stykke Marcus Aurelius VIII, 50.

Når stoikerne tænker sig det man kan kalde *verdensmaterialet* bestående af de fire elementer, således at et urstof (den kosmiske ild) fortætter sig til luft, dette til vand, dette til jord, og at disse, synkende efter deres forskellige tyngde, indtager — dog kun i de store træk — deres lagvise pladser med Jorden nederst, da har de det nok fra førsokratiske filosoffer, elementerne fra Empedokles, ilden fra Heraklit.

Der er bevaret os et mærkeligt og smukt skrevet græsk værk »Om kosmos«, et fysisk verdensbillede: Jorden svæver ubevæget midt i koncentriske omdrejende »sfærer« eller ligesom kuglehylstre af ujordisk stof. Øverst (altså yderst) er den fuldkomne, rene »æter«. Dér bor Gud, som bevæger alt, selv ubevæget. Indenfor er fiksstjernernes sfære, så følger de syv planeters sfære (dem vi nu kalder Saturn, Jupiter, Mars, Venus, Merkur, Solen, Månen). Nedenunder (altså indenfor) begynder den sublunariske verden, de fire elementers urolige verden, med Jorden nederst (inderst). Dette skrift, der angiver sig som et brev fra Aristoteles til Alexander, men vistnok er fra den første kejsertid, menes af en udmærket filolog[1] at være af en stoisk forfatter (»tanker lånt fra Poseidonios«). Jeg ville tro det, hvis ikke gudsbegrebet deri var så transscendent og altså modsat panteisme.

Stoisk derimod — og vist lige fra Khrysippos — er læren om *verdensperioderne*: Efter et uhyre langt tidsrum (»det store år«) vil alle den synlige verdens ting blive forvandlet, idet de indoptages eller ligesom indsuges i kosmos' indre; dette er »verdens undergang«. Men derpå fornyer kosmos sin verdensdannelse ved en modsat bevægelse, en slags udstrømning af alting. Verden vil da blive som før, alt det oplevede vil gentage sig nøjagtig ens i det næste »store år«, og disse verdensperioder ved optagelse og udstrømning vil aldrig aflade, ligesom de har foregået fra evighed af. Dette er nødvendighedens lov, dette er Guds vilje. At begreberne nødvendighed og vilje modsiger hinanden, søger stoikerne at til-

---

1) Wilamowitz-Moellendorff.

dække ved at gøre dem identiske: nødvendigheden er lig Gud. Der tales om en undergang af verden i ild: en »*udbrænding*« af alting; nogle stoikere antog den, andre ikke. Heller ikke er det klart, om der menes en absolut slutnings-undergang, hvorefter intet *er* mere, eller om det blot er slutningen på nuværende verdensperiode, hvor de fire elementer vender tilbage til det fælles urstof, den kosmiske ild.

Stoikernes panteisme, som altså i sit væsen er den mest absolutte monoteisme, forhindrer ikke, at de taler om gud*er* [i flertal]; Marcus Aurelius fx gør det mange gange, og han ofrede, som bekendt, ivrigt til statens guder. Dette er dog kun tilsyneladende i modstrid mod panteismen. For ved »guder« forstod stoikeren, når han var konsekvent, de specielle virkninger eller ytringer af den kosmiske al-gud, specielle kræfter som havde hver sit område af verdens liv og rørelser, »tilgrundliggende årsager« til ting eller tilstande eller begivenheder. »Guder« var udstrålinger af kosmos' al-sjæl. Også himmellegemerne var sådanne. Men alle »guder« er kun til i relation til *Gud*. Derfor er de at kalde opståede og forgængelige. Når stoikerne gav dem de gamle gudenavne, var det for at akkommodere sig med folketroen. De gamle myter blev ikke forkastet, men allegoriseret. Stoikerne ønskede, i stærk modsætning til epikuræerne, at være troende, at være »fromme«. Deres temperament var konservativt — det måtte det jo være i en verden, som var fuldkommen!

DEN STOISKE LIVSANSKUELSE

I menneskets sjæl er nedsænket en del af verdenssjælen. Menneskets sjæl, *psykhe*, er altså sammensat af en mere kødelig del, et *pneuma* (ånde, åndedræt, latinsk *anima* i selv samme betydning, dvs. det fysiske liv, det at man kan trække vejret[1]), og en mere

---

1) Også *psykhe* (»pust, vind«) har oprindeligt haft samme materielle betydning. At *pneuma* er intetkøn, mens *psykhe* er hunkøn, har måske gjort det lettere at abstrahere eller åndeliggøre den sidste glose.

guddommelig del, hvilken efter sit ophav og sin virken kaldes *logos* (fornuften) eller *nus* (tænkningen) og er menneskets *daimon* (den gode genius eller guden i os). Denne sjæledel benævnes også med en glose, der på dansk kun kan oversættes med flere ord, nemlig: »den til herredømmet bestemte del« (således idelig hos Marcus Aurelius), fordi efter *den* bør mennesket udelukkende rette sin tænkemåde, sin vilje og sine handlinger. Alle tanker, forestillinger, ønsker, drifter, som ikke retter sig efter denne guddommelige sjæledel, er oprørske (græsk: »ufølgagtige«), ikke blot mod denne, men derved også mod verdenssjælen, mod kosmos, mod fysis, mod al-tilværelsen. Sådanne ufølgagtige tilskyndelser kommer fra legemet, hvilket derfor er at holde nede og ringeagte. Det er fra Epiktet, at Marcus Aurelius har udtrykket: mennesket er »en sjæl som bærer (slæber om med) et legeme«.

Vi ser i dette sidste en overraskende lighed med den asketiske side af kristendommen[1]. Kristen påvirkning er dog udelukket. Allerede hos Platon finder vi den opfattelse, at legemet er en *hindring* for sjælen. For resten synes opfattelsen af legemet som et onde at stride mod opfattelsen af kosmos som fuldkomment, for er legemet ikke selv en del af kosmos? Men stoicismen, så konsekvent den synes opbygget, er dog ikke fri for afgørende inkonsekvenser.

Med hensyn til sjælens dele har Platon på sine steder en mere gennemført leddeling. I stoikernes »daimon« genkender vi Sokrates' »dæmonvæsen«, dog at dette »daimonion« hos Sokrates er individuelt for ham, og at stoikernes i hvert menneske boende dæmon er ganske anderledes moral-omfattende.

Om det vigtige punkt: *sjælens udødelighed* i betydning af personlighedens, jeg'ets, bevidsthedens, bestående efter døden, var stoikerne ikke i indbyrdes overensstemmelse. Khrysippos skal have gjort forskel til fordel for *de vises* sjæle (stoikernes altså), idet

---

1) Paulus' Romerbrev 7, 24: »Jeg elendige menneske, hvem skal redde mig ud fra dette dødens legeme«.

disse ene af alle sjæle vedbliver efter døden. Den senere fornyer af stoicismen, Panaitios, skal have nægtet sjælens forbliven. Hos Marcus Aurelius ser man uvisheden på det aller tydeligste, emnet beskæftiger ham meget. Ofte nævner han det sokratiske dilemma: tilintetgørelse eller indtræden i en anden tilværelsesform, og så bruger han Sokrates' beroligelse: det første er ingen rædsel, det andet kan kun være et gode. Ved tilintetgørelse tænker han sig, et sted, sjælens adspredelse i de oprindelige elementer, som er atomer — her henfalder han altså til Epikur (efter langt ældre filosoffers teori). Eller han tænker sig sjælen endnu nogen tid efter døden holdende sig sammen (om med bevidsthed eller ikke, siger han ikke), for derpå at gå over i det pneuma (luftelementet), som den selv er opstået af; eller: sjælens »herskende del« tages tilbage ind i verdenssjælen, som den oprindeligt udsprang fra. Dette sidste er vel nok det mest stoiske: Sjælens opgåen i det mest fuldkomne bliver sjælens fuldkomneste tilstand. Dette bliver altså »lyksalighed«, men man må rigtignok spørge: hvem nyder godt af denne lyksalighed, når jeg'et er forsvundet? Ved dette er ligheden med det indiske nirvana iøjnefaldende; kulturhistorisk afstamning er dog udelukket.

Af den stoiske sjælelære udledes logisk den stoiske *pligtlære* (etik). Den defineres ofte af forfatterne med dette simple udtryk: man skal leve efter fornuften *(kata logon)*, eller, som det hyppigt hedder: efter naturen *(kata fysin*, på latin: *secundum naturam)*. Oprindeligt skal reglen blot have lydt: »man skal leve overensstemmende« dvs. konsekvent, men dette er jo ikke mere stoisk end det er almenmenneskeligt, derfor føjede stoikerne til: »med fornuften« eller: »med naturen«. At leve overensstemmende med fornuften *(logos)* og at leve overensstemmende med naturen *(fysis)* er det selv samme: »logos« er jo den gode genius i os, udsprunget af alnaturens logos.

Al synd er derfor »ufølgagtighed« (ulydighed) mod alnaturens lov, alnaturens nødvendighed, alnaturens vilje. Ufølgagtigheden (synden) viser sig ikke blot i forsøg på at trodse verdens gang, skæbnens tilskikkelser — hvilke forsøg altid må falde uheldigt ud og altså er at karakterisere som dumhed, det er uvidenhed —, men også i den blotte utilfredshed med hvilke som helst tilskikkelser, således ofte hos Marcus Aurelius. Det gode menneske er det tilfredse menneske. Tilfreds er han fordi han erkender, at alt hvad der sker, sker efter naturen, og naturen (kosmos) er fuldkomment. Det gode menneske er det vise menneske, ingen tilskikkelse rører ham eller ændrer hans tilfredshed, ingen sorg, ingen smerte, for alt er som det skal være. Om han end blev puttet i Falaris' gloende kobbertyr, er han ikke ulykkelig, for hans »tænkende sjæl«, hans inderste jeg, hans logos, hans daimon, er uafhængig af alt ydre. Marcus Aurelius siger to steder: »Når mine sølle lemmer lider, *så lad dem derom*, mig kommer det ikke ved«. »Mig« — det er hans egentlige jeg, den rigtige Marcus Aurelius.

Endvidere: det gode menneske (den vise altså, den fuldkomne stoiker), han har, i sin viden om at være et led i kosmos, og at der består et verdensomfattende fællesskab af alting, han har en levende kosmisk fællesfølelse, han er »verdensborger«. Hans pligt som verdensborger er for det første at forstå de ham mødende ting og forhold og tilskikkelser, dvs. ikke at lade sig nøje med illusioner, med formeninger, med andres bedømmelser osv., men selv gennemskue alt efter dets sande væsen, og derefter at handle og forholde sig med oprigtighed, energi og navnlig med uselviskhed. Marcus Aurelius har mange steder disse selvformaninger: indtrængende forståelse, utrættelig virksomhed, og fremfor alt: fjernelse af egoisme (»fællesfølelse« kalder han det med et smukt græsk ord) — og hvor smukt handlede han ikke efter sine selvformaninger, han, rigsherskeren, overfeltherren, han, hvis hu og tilbøjelighed visselig ikke var at regere og kommandere, men et stille filosofliv med bøger og tanker. Men han tog sin pligt op som verdensborger ikke blot i kosmisk forstand, for der består et snævrere fællesskab mellem alle fornuftsvæsener: »med guder og mennesker er jeg borger i den store stat«. Og endnu snævrere — dog med videre syn end de fleste menneskers selv nu — er han i slægt-fællesskab »ikke efter blod eller sæd men efter den menneskelige ånd« med alle mennesker. Derfor er det gode menneske velvilligt, kærligt, velgørende mod alle mennesker, »født til at gøre vel«, for »vi er skabt for hverandre«, og navnlig overbærende, for: »al synd beror på uvidenhed om det rette« — her genkender vi Sokrates og Platon —, fordi »ingen undværer med vilje det gode«.

Ja gid det var så vel. — Læseren vil nok i hele denne sjæle- og morallære, ved siden af så meget smukt, have opdaget visse inkonsekvenser, fx denne: hvorfra trods, hvorfra ufølgagtighed, hvorfra overhovedet ufuldkommenhed i sjælen, sjælen er jo selv en del af det fuldkomne kosmos?

Ja hvorfra det onde? Spørgsmålet er nok til dato uløst i andre lærebygninger end i stoicismen.

»At leve overensstemmende med naturen« er ovenfor forklaret efter det stoiske system, kosmisk og transcendentalt. Det følger næsten af sig selv, at reglen af den praktiserende stoiker også blev forstået mere jordisk, således: man skal leve naturligt dvs. jævnt, tarveligt, uden pral. Således levede i virkeligheden de fleste af de stoikere, om hvis livsforhold vi véd noget. Når de gik vidt i askese, blev de undertiden kaldt, kaldte sig vel også selv, »kynikere«, fordi de altså i nøjsomhedsprincippet nærmede sig de »rigtige« kynikere, Diogenes og andre. Om nogle af de ældste stoikere, Ariston fx (hvem Marcus Aurelius ivrigt studerede) siges det udtrykkeligt, også om Epiktet. Marcus Aurelius levede så tarveligt han kunne få lov til for sin høje stilling. En undtagelse dannede Seneca, skønt også han jo skulle leve »efter naturen«; denne inkonsekvens klarede Seneca i et af sine »Breve«: »Stor er han, som bruger sin lerskål som en sølvskål; dog er *han* ikke ringere, som bruger sin sølvskål som en lerskål« — en flot sortie af en stoisk millionær.

Vi kommer nu til et meget karakteristisk træk i den stoiske etik.

Alt hvad der kan møde mennesker, alle tilstande hvori mennesker kan stedes, er i forhold til det enkelte menneske af to slags: enten »står de i vor magt« eller »står de ikke i vor magt«, eller (som det også kan oversættes): »vedkommer de os« eller »vedkommer os ikke«. »Vedkomme os« eller »stå i vor magt« gør egentlig — efter den strenge stoicisme — kun vor egen sjæl, om den er god eller ikke, og vore egne tanker, følelser og handlinger, om de er gode eller ikke (»god« er defineret i det foregående som: opfyldt af og handlende efter fællesfølelsen). God eller ikke god, det er alternativer, ikke glidende begreber. »Dyd« dvs. at være god, er tilmed det *eneste* gode, udyd det eneste onde, begge begreber kan kun anvendes om vor egen sjæl og hvad der bor i den. Tingene altså, dem uden for vor sjæl, »står ikke i vor magt«, »vedkommer os ikke«. Strengt taget betyder dette, at fx rigdom eller fattigdom, ydre ære eller miskendelse, sundhed eller sygdom, lyst eller smerte med mere, det er altsammen ligegyldigheder eller »interesseløse«, som den nøjagtigere oversættelse af vedkommende tekniske glose lyder. Begreberne »godt« eller »ondt« kan ikke anvendes på sådanne ting.

Vi er således også ad denne vej ført ind i Falaris' gloende kobbertyr, hvor den vise vil befinde sig vel, fordi smerten »vedkommer ham ikke«. Vi ville dog imponeres endnu mere, hvis vi så denne visdom anvendt i praksis, mere end hvis vi blot ser den sat i system. Alligevel kan det ikke nægtes, at systemet kan forlene, og ofte har forlenet, sine tilhængere med stor sjælestyrke, mandighed og hårdførhed. Som det mest beundrede eksempel herpå anføres Cato Uticensis, hans levned, hans død for egen hånd »efter ved bordet at have udviklet stoiske sætninger og derpå læst Platons Faidon om Sokrates' død.«

Dyden er kun én, og kun den vise besidder den, kun den vise

er derfor lykkelig. (Ordet »dyd« er for resten en ufyldestgørende oversættelse, for såvel det græske som det latinske ord herfor (*virtus*) betyder snarere »mandighed« dvs. være som en mand skal være, altså fuldkommen.) Allerede Khrysippos skal have opstillet idealet for den fuldkomne mand: Den vise (dvs. stoikeren) alene er dydig, ubøjelig, utilgængelig for smerte som for nydelse, derfor fejlfri, fuldkommen lykkelig og derfor gudernes lige.

Det er ellers karakteristisk, at mens grækere opstillede systemet og idealet, så var det mest romere som søgte at praktisere det: vi har jo hele rækken af dydspraktiserende stoiske helte lige fra Cato og Brutus til Pætus Thrasea, Helvidius Priscus og de andre berømte stoiske martyrer for republik og »frihed« langt ned i kejsertiden. Men alligevel: den khrysippiske idealfigur var i almindelighed en smule for hård for romersk nøgternhed. Mens Horats ikke nægter en Cato sin beundring:

».. .og hele verden var nu betvunget
undtagen Catos trodsige hjerte«,

har han satire for det blot konstruerede ideal:

»Vis? — Ak hvem der var vis! Så var man den første i verden,
Jupiter næst; man var fri, tilbedet og skøn, man var kejser;
ak, man var stærk, man var rask — på nær den forbandede snue. «
(Horats' Oder II, 1 — Breve I, 2.)

Her behøves ikke Falaris' tyr; en smule snue er nok til at gøre det af med vismandens lyksalighed, mener den epikuræiske skælmsmester, efter at have bukket højtideligt for stoicismen.

DEN SENERE STOISKE SKOLE

OMPLANTNINGEN TIL ROM

Læseren har nu fået et slags bekendtskab med det stoiske system, har set bygningens abstrakte fasthed og vel også mærket dens svagheder til praktisk brug. Det var uden tvivl erkendelsen af disse svagheder, som omsider, godt 100 år efter Khrysippos, fik en stoisk skolárkh, Panaitios, til — vel ikke at nedbryde systemet, men — at indskyde en vis formildelse deri til praktisk brug. Det var nemlig ikke muligt, med så fordringsfulde principper, at gøre propaganda. Man risikerede tværtimod at tabe tilhængere. Andre bestående filosofiske skoler i lancerede blandt dannede mennesker andre verdensanskuelser og livsanskuelser. Epikuræismen, denne gamle arvefjende, var endda ikke den farligste konkurrent. Denne blødagtige, nydelsessyge, umandige skole gjorde ikke let erobringer (i det mindste ikke officielt) i stoas lejr af alvorlige åndsmennesker, endnu mindre de frækt og åbenlyst ugudelige skeptikere, eller de ganske uciviliserede kynikere. Hvad peripatetikerne angik, så var de pæne folk, men gik op i fagstudier og gav sig ikke af med propaganda. Nej men Akademiet var farligt, det var arnestedet for human og moderat livsopfattelse, noget vaklende, men absolut dannet. Intet er mere tiltalende for dannede mennesker end moderation. Nu havde oven i købet en af Akademiets skolárkher erklæret positive dogmer i filosofi overhovedet for usikre, man burde (hed det) »holde inde« med bestemte udtalelser. Det højeste, man kunne nå til i retning af sandhed, var »sandsynlighed«. Denne *probabilisme* faldt i forsigtige, dannede, folks smag: Akademiet tog opsving.

   Da skrev Panaitios sin bog »Om pligterne«. Vi kender den kun fra Ciceros latinske behandling. Uden at kassere stoas umenneskelige etik — for intet af denne konsekvente bygning kunne pilles ud uden fare for at det hele brasede sammen — anbragte han ligesom sikkerhedsventiler for den indeklemte stoiske ene og udelelige dyd, opstillede dyder af anden rang, men menneskelige, naturlige, det honnette menneskes opførseler i påkommende tilfælde, en slags kasuistik — at dømme efter Ciceros gengivelse i »De officiis«. Den barske lære om alle »ydre tings interesseløshed« formildes til livets brug. Ganske vist: sundhed, lykke, velstand, ære osv. er principielt stadigt interesseløse, men dette kun i højere, filosofisk, forstand. Alligevel er disse ting og andre livets goder »at foretrække«, og deres modsætninger »at undgå«. Det fuldkomne menneske, den stoiske vismand, bliver stadigt stående, men i sin idealverden. På Jorden er det tilstrækkeligt at være gentleman.

Efter dette, kan man forstå, spores et stort opsving af stoa. Aller mest propaganda gjorde den, da den fik fodfæste hos de praktiske romere.

Allerede kort før Panaitios havde en stoisk berømthed været i Rom og holdt filosofiske foredrag i broderlig endrægtighed med en akademiker (af den modernere retning, den med sandsynlighedslæren) og med en peripatetiker. Allerede lyttede det dannede Rom til den græske filosofi. Men det var Panaitios, som vandt de indflydelsesrige kredse. Han flyttede selv til Rom og boede i Scipio Africanus' (den Yngres) hus og blev hans og Lælius' nære ven. Man må tænke sig de mest fremskredne kredse i Rom på den tid skrivende og talende næsten lige så godt græsk som latin. Allerede for et slægtled tilbage havde Cato (den Ældre), fjenden af alt hellenisk væsen, set sig nødsaget til at lære græsk, og nu blev det mode. Scipios hus var samlingsstedet for Roms allerfineste intelligens, for den politiske, kunstneriske, litterære verden.

Og mens Athen mere og mere sank ned til en lille provinsby, besøgt kun af turister for antikviteternes skyld og af studenter for de filosofiske læreanstalters skyld (de fire »troner«, lærestolene i akademisk, i peripatetisk, i stoisk og i epikuræisk filosofi), og mens Alexandria for længst havde taget det åndelige førerskab i Østen og nu var i begreb med at sætte det til, og også enkelte andre stæder til tider spillede kulturcentre, som Rhodos og Pergamon, — så var dog Rom ikke blot verdens politiske hovedstad, men nærmede sig til også til at blive civilisationens hovedstad; det var jo i Rom, at alting skete. Man mærker det for filosofiens vedkommende ved et sådant træk, at Cicero mellem sine ungdomslærere i Rom havde både en epikuræer, en akademiker og en stoiker; denne sidste boede i hans hus. I sin studietid i Athen hørte Cicero både epikuræere og en akademiker, og på Rhodos havde han omgang med den store stoiker Poseidonios, som allerede tidligere havde været i Rom. Poseidonios var Panaitios' mest begavede discipel, mangesidig, lærd, berejst. Han fortsatte stoicismen med en mængde nu desværre tabte bøger, som gjorde stoicismen endnu mere etisk menneskelig og praktisk, altså endnu mere acceptabel for romer-ånden.

På Ciceros filosofiske skrifter mærker man den forskelligartede indflydelse han har været ude for. Fra epikuræismen stod rigtignok hans konservative ånd fjern, og det forekommer ret påfaldende, at han ikke omtaler sin samtidige Lucretius' storslåede epikuræiske digt mere end én gang, så vidt jeg ved (og da for resten rosende). Akademiet ville han vel helst regne sig til, men skriver lige så godt i stoisk ånd; forskellen var *nu* ikke videre stor, for omtrent samtidig med at Panaitios og Poseidonios, som vi så, havde bøjet sig noget over mod det humane, havde Akademiet i den sidste tid netop gennem Ciceros to akademiske lærere gjort en ny svingning over mod det ideale. Resultatet, som prægede Cicero, var blevet en ikke uædel, men fremfor alt fornuftig, mellemfilosofi, lidet original, men passende for vakre, kultiverede åndsmennesker af *bon sens*. Man kalder denne filosofi *eklekticisme* (»den udvælgende«), fordi den ligesom tager det bedste af forskellige filosofier.

Mest stoisk er Cicero vel i sine sidste filosofiske skrifter: »Tusculanerne« (efter Poseidonios) og »De officiis« (regler for tænke- og handlemåde, mest efter Panaitios), to smukke og alvorlige bøger, som helt op til nutiden, dog især i tidligere slægtled, gennem skoleundervisningen har haft en god indflydelse på unge og gamle. Hovedkilde til datidens stoicisme er han også, hvor han mere refererer, fx i»De natura deorum« (om gudernes natur), 2. bog, »De finibus« (definitioner), 3. bog, »De divinatione« (om forudsigelser), »Paradoxa«, og ellers hvor han i dialogen lægger stoicisme i munden på bestemte personer, fx i »De fato« (om skæbnen).

I tiden fra Cicero til Seneca har stoicismen ingen betydelige filosofiske forfattere hverken på græsk eller latin. Medmindre man vil kalde Persius, forfatteren af de alvorlige moralske satirer, for filosofisk forfatter. Stoicismen var nemlig nu, i alt fald i Rom, blevet mindre teori end praksis. Man kaldtes »stoiker«, når man, selv uden filosofisk lærdom, men påvirket af det stoiske ideal, »som det sømmede sig en romer,« viste faste livsprincipper, mandig karakter, ubestikkelighed, ubøjelighed under modgang, hårdførhed og nøjsomhed, mod til at trodse overmagt osv. Typen var fx Cato (den Yngre). Også arvefjenden, epikuræismen, tav næsten, også den var blevet praksis: »epikuræer« kaldtes det æstetiserende, magelige, nydelseslystne menneske. Typen kunne være den digter, der siger om sig selv (Horats' breve. I, 5):

»Mig vil du træffe — ja lé kun, min ven — smækfed og fornøjet, rigtig en sød lille gris af dem, Epikur har på stien.«

De romerske »stoikere« virkede altså — før Seneca — *ikke* fortrinsvis som forfattere i filosofi. Men under dette navn opstod en hel række mærkelige, til dels politiske personligheder af gammel konservativ støbning og republikansk sindelag[1], ubøjelige forkæmpere for senatsmagt og gammel romersk sæd og den ari-

---

1) I politikken var dengang de konservative og de republikanske de samme; de var også aristokrater og »frihedsvenner«. Cæsar og kejserdømmet var jo kommet op ved demokratiet; senatet repræsenterede de gamle hidtil herskende aristokratiske slægter.

stokratiske forfatning som de benævnede »frihed«. De var altså modstandere af Cæsar og af det nye kejserdømme, efter omstændighederne tilbøjelige til »tyranmord«, eller, når alt var tabt, til selvmord. Enten opponerede de i senatet, eller udgav småskrifter hvori de lovpriste republikken og republikanske personer eller beklagede samtidens sædelige fordærvelse. Intet under derfor, at de var misliebige og blev behandlet derefter. Cremutius Cordus havde i et historisk værk om Brutus kaldt Cassius »den sidste romer«. Hans bog blev brændt under kejser Tiberius, han selv tog sig af dage. Pætus Thrasea opponerede i senatet, skrev lovprisning over Cato, og måtte på Neros bud dø ved at skære årerne over. De to »lærere i stoisk filosofi« Cornutus og Musonius Rufus blev forvist under Nero. Rækken fortsattes med Helvidius Priscus, Thraseas svigersøn (han blev bortvist fra Rom under Vespasian) og dennes søn Helvidius, som blev dømt under Domitian på grund af en satirisk allusion i en slags revy. Junius Rusticus havde i et skrift rost Pætus Thrasea, og blev derfor henrettet under Domitian.

Seneca kan ikke ret vel tages med i denne række, skønt også *han* jo til sidst, som misliebig, måtte underkaste sig Neros ejendommelige henrettelsesmåde. For han var, mindst af alt, principiel oppositionsmand, og det er ikke hans liv, men hans forfatterskab, der gør ham til stoiker. Som forfatter er han den sidste og berømteste latinske stoiker. Ja han er for efterverdenen blevet stoikeren *par excellence* (han var det *ikke* for de nærmestfølgende stoikere: Epiktet, der ikke engang nævner ham, eller for Marcus Aurelius). Han er stoikernes *grand seigneur*, som ved siden af al verdensmandig smidighed — endog nogle høflige gestus over for Epikur, »i hvis lejr jeg begiver mig ind, dog ikke som overløber, men som spejder«, siger han selv —, dog bevarer fra først til sidst en ulastelig stoisk attitude. Ved attitude skal dog ikke forstås noget falsk, men han forstår som ingen anden at sætte sine smukke og gode tanker i slående stil. Han moraliserer interessant, hvor mange moralister kan *det*? Man overraskes, man fængsles, man bifalder. Stoisk moral bliver hos ham almengyldig menneskelig moral, endda noget mere ophøjet end Ciceros *juste milieu*. At Marcus Aurelius ikke skulle have læst ham, er næsten utroligt. At hans stilistiske *grandezza* må have mishaget den prunkløst skrivende Marcus, er næsten vist — kejserens lærer i retorik, den berømte Fronto, afskyede Senecas stil. Dog er denne fortielse besynderlig, når man hvert øjeblik hos Seneca finder slående pendanter til Epiktets og Marcus Aurelius' tanker. Sådanne pendanter findes fx i »Om vreden«, »Om livets korthed«, »Om den vises sjælestyrke«, »Om mildhed«, »Om et lyksaligt liv«, »Om velgerninger«, »Om sjælens ro«, »Om et forsyn«, »Om pligter«, foruden mange tanker rundt om i »Moralske breve«.

Med Seneca slutter den romerske litterære stoicisme. Den slutter på romersk praktisk vis ikke med teori og systematik, men med livslære, med moral. Så god moral, at kirkefaderen Hieronymus fandt Seneca værdig til helgenglorie, og at man troede på en brevveksling mellem ham og apostelen Paulus (de 14 breve som nu eksisterer og giver sig ud for denne brevveksling, er fabrikeret i middelalderen).

DE SIDSTE STOISKE FORFATTERE
STOA BLIVER ATTER GRÆSK

Den latinske stoicismes historie sluttede med Seneca. Den græske stoicisme har endda to navne: en slaves og en kejsers!

Epiktetos fra Frygien, først slave i Rom hos en rig frigiven (en Neros frigivne og ven!), derefter selv frigiven, foredragsholder og privat skolemester i stoisk filosofi i Rom; ved den store filosofforfølgelse under Domitian forjaget, siden praktiserende i en lille nordgræsk kystby, fattig, skrøbelig af legeme, elsket af sine talrige disciple, med stor moralsk indflydelse i samtid og eftertid, beundret af Marcus Aurelius — en slave beundret af en kejser, til ære for dem begge. Han selv skrev ikke bøger, var kun foredragsholder og lærer, men historieskriveren Arrianos, der var blandt hans disciple, opskrev med troskab hans »Foredrag« i en større samling, og koncentrerede hans læresætninger i en lille »Håndbog«, som blev normgivende for strengere moralisters livsanskuelse og livsførelse lige indtil kristendommen.

Epiktet fører — vist ved påvirkning af Musonius Rufus, som synes at have været hans lærer i Rom — den stoiske etiks lære tilbage til den stringentere begrundelse (uden opportune afslag og sikkerhedsventiler), som den havde før Panaitios og Poseidonios, ja han nævner end ikke disse to banebrydere for en mere humaniserende moral, ligesom han heller ikke nævner Cicero eller Seneca (men nok Musonius Rufus); derimod nævner han mange gange Zenon og især Khrysippos. Ikke at Epiktet interesserer sig for det stoiske system som system, for han er moralist og kun moralist, men han bekender sig altså til den ældre stoa og følger dens system, fordi derunder indgår også dens moral, og man kan ikke rive det ene fra det andet.

Epiktets elskelige karakter fremlyser af hans stil. Den mangler alt teater, er ærlig, personlig, inderlig, også ydmyg, til tider skøn poetisk. Hans valgsprog var »Tål! og undvær!«; dette udtryk gentager Marcus Aurelius. Med den kristne moral har Epiktet påfaldende lighedspunkter, og man har deraf (ligesom ved Seneca) sluttet påvirkning fra de kristne, men med urette. I hele det bevarede forfatterskab nævner han dem kun én gang (»galilæerne«), og det henkastet og ligesom med hovedrysten over deres »manér«.

Af Marcus Aurelius var Epiktets bøger højt skattede. I det stykke (I, 7), hvor han takker sin lærer Rusticus, takker han ham særligt, og til slut, fordi han hos ham har fået Epiktet at læse. Marcus Aurelius' stoicisme er Epiktets, nemlig livsanskuelsen og livsførelsen, bygget på den ældre stoas dogmer. Endvidere ligner de hinanden i følelsens inderlighed og i begges stærke religiøse trang. Men i stemning og stil ligner de kun lidet hinanden. Epiktets stemning er rolig og blivende, hans stil klar og glidende. Hos Marcus er alt uro, stemningerne er mangfoldige og undertiden modsatte, stilen er abrupt. Han hører til de sværere forfattere at forstå og især at oversætte. Denne forskel hænger måske noget sammen med, at Epiktets livsvilkår, fra den tid han blev lærer i den lille græske købstad, var jævne, rolige og ensartede, hvorimod kejserens liv var underlagt de store skæbner, de universelle pligter. Han var regent og måtte regere, selv om han ikke fandt glæde deri. Han var hærfører og måtte føre hære næsten hele sin kejsertid, selv om han misbilligede menneskedrab. Hvad han elskede, havde han ikke tid til. Han havde ikke tid til at forfatte. Forstår man så hans stils abrupthed?

Vi er nu allerede kommet ind på Marcus Aurelius, Forinden vi går videre, er der et spørgsmål af nogen kulturhistorisk interesse.

Man kan nemlig undre sig over, at han, ægte romerbyrd fra *urbs romana*, dertil romersk kejser, at han skrev på græsk. For siden Cicero og især siden Seneca var det latinske sprog fuldkomment i stand til at udtrykke de fineste nuancer i tænkning. Men også Musonius Rufus og Cornutus og den filosoferende botaniker Sextius Niger, skønt vesterlændinge og levende i Rom, skrev de dog filosofi på græsk; ikke at tale om Epiktet, som jo nok var født i Lilleasien, men dog havde fået sin lærdom i Rom. Var det monstro lidt snobberi af dem? For vist er det, at i begyndelsen af kejsertiden (også forinden) var det både i selskabslivet og i kunst- og litteraturkredse anset for noget »fint« at være med på det græske væsen. Herom vidner også udtrykket »*omnia græce*« (»nu skal alt gå på sin fransk«), og vi ser allerede Cicero kokettere ikke så lidt i sine breve med græske blomster. Men Cicero var alle dage lidt af en litterær laps.

Kan man tænke det samme om Rufus, om Cornutus, om Sextius Niger og især om Marcus Aurelius? Ja når talen er om menneskelig forfængelighed, også hos åndsmennesker, også hos ædle karakterer, så skal man absolut intet forsværge. Dog måske ledes vi til den rettere forklaring ved at mærke os en lille omstændighed som denne, at såvel Cornutus som Sextius Niger skrev i latin, når det var anden videnskabelighed, men græsk, når det var filosofi. Romersk filosofi var jo af græsk opfindelse, de filosofiske fag fulde af tekniske udtryk, alle græske og alle betegnende noget fagligt bestemt; vel var de fleste af disse udtryk siden Cicero og andre gengivet på latin, men gengivelser har aldrig kunnet tilfredsstille forfattere som ønsker nøjagtighed. Og dannelsens overklasse i Rom skrev vel nok i kejsertiden nogenledes med samme lethed på »rigets tvende sprog« (*utraqve lingua nostra*). Fra Marcus Aurelius' lærer Fronto haves private breve på begge sprog, deriblandt to på græsk til Marcus Aurelius' moder, som var en romersk dame af romersk byrd. Så forstår man måske sagen.

OM MARCUS AURELIUS

HANS YDRE LIV I HOVEDTRÆK[1]

Han blev født år 121 e. Kr. i Rom af en fornem embedsslægt. Efter faderens tidlige død blev han opdraget i farfaderens hus og adopteret af ham. Drengens navn var da Marcus Annius Verus. Kejser Hadrian fattede her godhed for den alvorlige, nøjsomme og tænksomme dreng og kaldte ham for spøg »Verissimus« (»den *mest* oprigtige«). Der var nemlig i kejserens omgivelser et par andre personer af navnet Verus (som betyder »sand«, »oprigtig«). Så godt syntes kejseren om ham, at han kort før sin død, da han adopterede og til sin efterfølger bestemte den ædle Antoninus (Pius), forlangte, at denne atter skulle adoptere Marcus — tillige med den ni år yngre Lucius Verus, søn af en nylig afdød mand, hvem Hadrian tidligere havde bestemt til efterfølger. Marcus hed nu *Marcus Aurelius Antoninus*.

Efter Hadrians død år 138 var han altså »Cæsar« (tronarving; kejseren selv var »Augustus«) og boede på Palatium i Pius' residens, i inderligt samliv med denne. Han var til stede ved dennes audienser og regeringshandlinger, men studerede selv ivrigt. Han havde allerede forinden haft de ypperste lærere i alle tidens undervisningsfag: romerske lærere i latinsk veltalenhed, retsvæsen og historie, romerske og græske lærere i forskellig slags filosofi, græske lærere i græsk sprog osv. Den vigtigste af alle hans lærere var den berømte veltalenhedslærer og forfatter af taler Cornelius Fronto, »Ciceros jævnbyrdige«.

Da Marcus var ca. 24 år gammel, ægtede han Pius' datter Faustina (som ikke roses af nogen undtagen af Marcus selv).

---

1) Hovedkilderne til hans liv er, foruden hans egne »Tanker« og brevene hos Fronto, den under Diocletian levende romerske historieskriver Julius Capitolinus i samlingen *Scriptores historiæ Augustæ*, sammen med en anden forfatter i samme samling, Volcatius Gallicanus. Desuden nogle senere udtog af den kort efter Marcus Aurelius levende historiker Dio Cassius.

Omtrent på dette tidspunkt var det, at han »forlod retorik-
ken og blev filosof«, hertil ført af stoisk læsning og af stoikeren
Rusticus, til Frontos store beklagelse. Mere herom nedenfor.

Da Pius døde år 161, blev Marcus altså »Augustus« sam-
men med den ni år yngre Verus, og fra dette tidspunkt er alt re-
geringspligter, Foruden naturulykker i Rom og andetsteds kom
der straks oprør her og der i riget, krige i Østen mod parther og
andre, en frygtelig længevarende pest, krige langs grænsen mod
de nordlige barbarer (markomanner og kvader). Verus, som var
til liden nytte, døde år 169. Straks atter markomanner- og kva-
derkrig o. a. med få afbrydelser lige til år 175. Så en farlig opstand
i Syrien af feltherren Avidius Cassius, som tog kejsernavn men
snart blev dræbt af sine egne.

I krigen var Marcus oftest selv til stede som overfeltherre. I
de få pauser mellem krigene måtte han være i Rom, optaget af
religiøse pligter (ofringer og ceremonier i anledning af krigen),
også — meget mod sin tilbøjelighed — af officielle folkefester,
triumftog o. l. År 167 optog han sin uværdige søn Commodus
som medregent, døde 180, ca. tresårig i Sirmium, den kejserlige
militærresidens ved Savefloden, nær rigsgrænsen (ruiner ved nu-
værende Mitrovica i landskabet Syrmien).

ÅNDELIG BRYDNING

Det nu følgende skulle give særlige bidrag til forståelsen af
Marcus Aurelius' skrift. Her bliver tale om en brydning, en kamp
og et religiøst gennembrud i en ædel ynglings sjæl, ikke ulig den
sjælekamp som et århundrede senere kirkefaderen Hieronymus
var stedt i, da denne i Antiochia besluttede sig til »at afholde sig
fra de klassiske studier som hidtil havde været hans yndlingssys-
sel, og fremtidig kun at leve for fromhedsøvelser og teologiske
studier«. »Ikke ulig« kalder jeg den unge Marcus' sjælekamp,
og »religiøs« kalder jeg gennembruddet, for »veltalenhed«
(*eloquentia*, retorik) var for ham netop fællesnavnet på de klassi-

ske studier som han elskede; og »filosofien« blev for ham religion, nemlig en fromhedens indøvelse.

Det er i Frontos efterladte brevsamling, især brevvekslingen mellem Fronto og hans discipel Marcus, at man ligesom kan følge dennes sjælekamp. Desværre er dateringen af de enkelte breve ikke let at bestemme, skønt man har prøvet derpå. Man ser to af den unges lærere, begge elskede og beundrede af ham, ligesom kæmpende om herredømmet i hans sjæl. Den ene er Fronto, den fine verdensmand, »veltalenhedens« og klassicitetens højtbegavede forkæmper; den anden er stoikeren Junius Rusticus (vel nok i slægt med den Junius Rusticus som blev henrettet under Domitian), han som »gav Marcus Epiktets bøger at læse«.

Vi vil nu ud af Frontos brevsamling se at finde nogle hovedfaser af kampen. Først har Fronto aldeles overhånden[1]:

Marcus, da måske 18 år, skriver til Fronto: »Du har sendt mig et blodigt emne: excerptet af Coelius som du har sendt mig, har jeg endnu ikke fået læst, og kommer ikke til at læse det førend jeg« [det næste er mig uforståeligt]. (Coelius er vel nok den gamle historiker Coelius Antipater, forfatter af anden puniske krigs historie — derfor »blodigt emne«. Man véd at Hadrian satte pris på Coelius Antipater. Også Fronto både arkaiserede i sin egen stil og anbefalede førciceronianske forfattere, som Cato d. Ældre.) Af denne Coelius har altså Fronto sendt et afsnit til sin lærling med fordring at få indholdet kort genfortalt. — Marcus fortsætter: »Men derimod holder Cæsars tale mig fast med krumme kløer. Nu endelig mærker jeg hvor meget arbejde det kan koste at mejsle bare tre eller fem linjer frem på én dag, og

---

1) Hans undervisning til den allerede voksne Marcus synes for en meget væsentlig del at have været stilskrivning (»udarbejdelser i modersmålet«). Han sendte opgaverne, Marcus arbejdede så derpå i kortere eller længere tid, sendte så sin udarbejdelse til Fronto; denne sendte den så tilbage ledsaget af udførlig kritik. Et meget interessant sted viser nogle arter af opgaver: »Billeder« (formodentlig beskrivelser af kunstværker), »Retssager« (fingerede taler for eller imod, en gammel form for stiløvelse). »Gnomer« (sentenser at udvikle, sml. i dansk fx »Morgenstund har guld i mund«), »Excerpter« (at gengive kortelig indholdet af et skrift).

sidde længe for endelig at få noget skrevet.« Han har vel skullet fabrikere en fingeret tale af Cæsar — formodentlig et forsvar for at have taget enemagt[1].

I et brev til den måske 19årige yngling skænder Fronto ordentlig på grund af hans overdrevne flid: »Jeg hører at du kunne sidde både i teatret og i selskab og hænge i med bøgerne. Det er jeg meget vred over, for det vækker anstød, skal jeg sige dig.« Ellers strømmer brevet over med kærlighed.

I et brev til Fronto skriver Marcus (han synes da at have været ca. 22 år): »Jeg har i disse dage gjort excerpter af 60 bøger i 5 tomer, men bliv ikke forskrækket, for nogle af disse bøger er ganske små.« (»Bøger« vil i mange tilfælde svare til hvad vi nu ville kalde »kapitler«. »Tomer« er »bind« eller »hæfter«.) Det var vel også omtrent i denne alder, at han skrev vers, dem han brændte eller dog ikke viste til nogen.

Det var nok også i hine ungdomsår, at Marcus ivrigt studerede Cato den Ældre (ret en stilist efter Frontos hoved), og »præparerede sig til at blive historiker«, samt forsikrede sin lærer, at han var lige så bortvendt fra den græske litteratur, som »min Coelius-høj«[2] er fra Grækenland. «

Men da Marcus var 25 år — den eneste helt sikre datering vi har i disse breve — kom omslaget. Der er naturligvis gået meget i forvejen, men for os ser det temmelig voldsomt og pludseligt ud, hvad han *nu* skriver til sin lærer, hvem han ellers altid tilskriver med den største hengivenhed, . . . »hvad du sidst har givet mig for til skriftlig udarbejdelse, har jeg ikke rørt den mindste smule ved, skønt jeg har haft tid nok. Det er Aristons bøger, jeg for tiden har det godt med, og dog har jeg det *ikke* godt med dem; de

---

1) Meget opportunt af en kejserlig hoflærer at give sådan opgave til en prins. — Ud af dette sted forstår man bedre det ellers uforståelige stykke i Marcus' tanker til sig selv (I, 11), hvor han siger at Fronto har lært ham at finde fejl hos »eupatriderne« dvs. aristokraterne, for deri måtte en forsvarstale af (eller for) Cæsar jo væsentlig bestå.

2) Kvarteret i Rom, hvor han var født.

giver mig en bedre lærdom, og på *den* måde er det jo godt; men når de viser mig, hvor meget min ånd er blevet holdt tilbage fra denne bedre lære, ja da bliver din discipel gang på gang blusrød og harmfuld på sig selv, fordi jeg, 25 år gammel, endnu ikke i min sjæl har optaget den mindste smule af rigtige anskuelser og renere tænkemåde. Det bøder jeg nu for, jeg er vred, jeg er bedrøvet, jeg bærer nag, jeg kan ikke få maden ned ...«[1]

Således taler en varmhjertet yngling, når han pludselig opdager — eller tror at opdage — at hele hans opdragelse og livsretning har været forkert indstillet. Således taler også den vakre og hensynsfulde discipel til sin gamle og hidtil beundrede lærer. Men for opdrageren må det have været et hårdt stød —»holdt tilbage fra den bedre lære!«, »ikke den mindste smule rigtige anskuelse og renere tænkemåde!« Ariston, denne gamle græske fanatiske asket fra før Khrysippos, endnu mere stoisk end Zenon selv, hvem havde mon fået indsmuglet Aristons bøger til Marcus? Naturligvis denne Rusticus! Næste gang ville Rusticus vel indsmugle selve Epiktet! (Hvilket netop var det, Rusticus gjorde.)

Men ynglingen havde nu truffet valget mellem *eloquentia* og *philosophia*, hvilket for ham var valget mellem verdslig kultur og sjælens godhed, mellem den æstetiske og etiske livsanskuelse. Og hvor ædelt hans motiv var, får vi en anelse om ved en linje (nogle år senere) fra Fronto til Marcus:»Jeg har undertiden hørt dig sige:»Jamen når jeg i en tale kommer til at brillere med et rigtig smukt udtryk, så mærker jeg en følelse af selvbehag, *derfor* flyr jeg Veltalenheden«.«»Ville du da hellere mærke en følelse af selv-*mishag*?« svarer den her ganske uforstående æstetiker.

Den regerende kejser Antoninus Pius var temmelig gammel, Marcus måtte snart blive efterfølger; des vigtigere for Fronto ikke helt at miste holdet på ham. Omgang og brevveksel fortsattes på det venskabeligste, måske også en slags undervisning, og hvem véd hvor megen hemmelig trakasseri mellem Fronto og

---

1) Frontos brevsamling IV, 13.

Rusticus. — år 161 døde kejseren, Marcus var nu »Augustus« (med Verus).

Vi har et temmelig langt brev fra Fronto til den nye kejser[1], fuldt af smiger, men tilsat med et lille krydderi af ondskab. Brevet er nok i anledning af en tale eller taler, som kejseren havde holdt i senatet og for folket: »Du er netop så veltalende, som du selv har villet. For så snart du igen begyndte at *ville* [kejseren var jo nødt til at optræde], så viste der sig ingen nedgang sket ved, at du somme tider *ikke* ville.« Derpå fine antydninger af, hvor meget Marcus endnu mangler i det tekniske, men forinden har han overstrømmende rost hans begavelse, og siger, at han derom har tvistet stærkt med en anden; »og selv denne min landlige romer *(rusticus romanus)*, som gerne ville give sit liv for din lillefingers negl, selv han ville kun meget knebent og såre ugerne indrømme *det* med din begavelse«. Dette er ikke så lidt ondskab; mærk også, at i alle de os bevarede breve er dette den eneste gang (så vidt jeg ser), at Fronto nævner Rusticus, og da på denne måde! (Rusticus var dog en fornem mand i staten, havde ligesom Fronto været konsul og var medlem af senatet — men han var stoiker!) Derpå igen smiger over taler af Marcus, men dog sådan, at man aner skjult satire.

På en noget anden måde kæmpede Fronto for sin sag i et større opus »Om veltalenhed«, som han under form af breve sendte til Marcus kort efter, som det synes. Det er i virkeligheden et meget vittigt og energisk skrevet indlæg mod »filosofien« dvs. stoicismen og *for* retorikken. Mod filosofien: »Spørger du mig, om jeg ønsker et godt helbred [Fronto havde et meget dårligt helbred], så vil jeg sige nej, hvis jeg er filosof.« Og *for* retorikken som virkemiddel: »Selv Khrysippos bruger jo sådant virkemiddel.« Når man *taler*, så er det vel for at gøre virkning? »Eller, hvis du vil svømme, vil du da hellere svømme som en frø end som en delfin?« En taler skal bruge ord, som i værdighed svarer

---

1) Ep. ad Antoninum Imperatorem I, 2.

til emnets værdighed; »Når man taler om Jupiter, må man ikke lade ham sukke eller hoste, men tordne.« »[Disse filosoffer] gør sig flid for at bøje dig, som en gran eller højtstræbende elm, ned til at blive en jordkrybende småbusk. Ret dig i vejret og ryst dem af fra din vældige krone!«

Og omtrent fra samme tid har vi, ligeledes i brevform til kejseren, det mindre skrift: »Om talerne«. Det er overleveret os i græsselig korrupt tilstand, men det synes at indeholde en skrap kritik af sproglige udtryk, som Marcus havde brugt, og der står: »Der er én eneste grund, hvorfor min kærlighed til dig halter noget, nemlig hvis du forsømmer veltalenheden.«

Fronto har altså fortsat »kampen om Marcus' sjæl«, men forgæves. Rusticus og Epiktet havde sejret. Længe har Fronto ikke overlevet sit nederlag, for Marcus kunne vel ikke have nænnet — end ikke for sin egen samvittigheds skyld — at hensætte for sin gamle lærer, hvem han i så mange år havde overvældet med ytringer af tak og inderlig hengivenhed, hensætte for ham endnu i hans levende live en tre linjers »tak«, der fornærmer ved sin intetsigenhed i sammenligning med de varme taksigelser til Marcus' andre lærere. Takken til Fronto er stykke 11 i første bog af »Tankerne«, hvilken første bog menes at være fuldendt ca. år 169; det er da tilladt at formode, at Fronto er død forinden dette år.

OM TEKST OG OVERSÆTTELSE

Den første trykte udgave af dette værk — hvis titel, ordret oversat fra græsk, egentlig ville lyde:»Det til sig selv« — var Xylanders, Zürich 1558. Den byggede, synes det, udelukkende på et enkelt håndskrift, *codex Palatinus*, hvilket håndskrift nu er forsvundet. Alle senere udgaver indtil 1774 er, hvad teksten angår, at betragte næsten som gentagelser af denne første udgave. Nogle senere benyttede også visse andre håndskrifter, men disse havde kun brudstykker af Marcus Aurelius, så at teksten stadigt var dårligt garanteret.

Efter at et andet håndskrift, som indeholdt hele Marcus Aurelius (foruden en del andre forfattere), var fundet i Vatikanet *(codex Vaticanus)*, fremkom forskellige nye udgaver, fx Schultz' større, Slesvig 1802 (med latinsk oversættelse) og mindre 1821. Men den bedste tekstudgave nu er J. Stichs, Leipzig 1882 og 1903. Derpå kom Leopolds udgave, Oxford 1908, ikke meget forskellig fra Stichs. Leopold lod codex Vaticanus fotografere, men da denne codex karakteriseres som sjusket og fejlfuld, så bliver resultatet alligevel, at Marcus Aurelius for os fremtræder i en usikker og på sine steder uforståelig tekst.

Inddelingen i paragraffer (med græske bogstavtal, i nærværende oversættelse kaldet »stykker«) er ikke ældre end i en udgave fra 1626. Derimod findes inddelingen i 12 »bøger« allerede i Xylanders første udgave, fandtes da vel også i den tabte codex Palatinus, men kan ikke derfor føres tilbage til Marcus Aurelius. Kun den første bog har en stofligt sammenhængende tekst (taksigelserne), de øvrige bøger fremtræder næsten overalt som usammenhængende strøtanker. Dette kunne tyde på ufærdighed, som om forfatteren havde tilsigtet en sammenarbejden, men kun nået denne i 1. bog; det er også kun efter i 1. (og efter 2.) bog, at stedbetegnelse for forfattelsen er angivet. Derved, og ved adskillige iagttagelser under læsningen af hele værket, er nærværende oversætter mere og mere kommet ind på den formodning, at Marcus oprindeligt har tænkt værket som en bog til udgivelse, sådan i smag med hans beundrede Epiktets håndbog[1] og ikke blot »til sig selv«, men at han efterhånden har måttet opgive tanken eller er blevet afbrudt deri af omstændighederne, travlhed eller måske sygdom og til sidst af døden, så at den smukke titel »til sig selv« på en måde er blevet værket påtvunget. Denne formodning vil læseren finde yderligere motiveret flere steder i mine noter, fx til III, 5 og til III, 16.

Heller ikke er jeg den eneste, som er kommet ind på lignende tanker. Da den foreliggende inddeling i »bøger« synes ganske umotiveret efter indholdet, så prøvede en udgiver de Joly, Paris 1774, en anden ordning af teksten i »kapitler« efter indholdet, altså som man kunne tænke sig, at forfatteren selv ville have bragt det i form, og noget lignende prøvede senere Braune, Altenburg 1878. Men slige forsøg bliver altid i praksis fulde af vilkårlighed; kun formodninger har vi lov at opstille, og må nøjes med teksten som den foreligger: altså, på én bog nær, som en samling strøtanker afvekslende hist og her med lidt længere småafhandlinger.

Heller ikke vil det lønne sig at forsøge tid- og stedfæstelse af de enkelte »stykker«, selv om det måske lod sig gøre hist og her. For, ikke sandt, værdien af tanker om evige ting, om abstrakte og etiske forhold, bliver ikke synderlig øget eller synderlig forringet ved om disse tanker er nedskrevet i den eller den by eller i det og det år. For at tage en ikke fjerntliggende parallel, ville læsningen af Pascals Pensées give et større eller mindre sjæleligt udbytte, om en flittig doktorand kunne påvise, at nogle af disse tanker var undfanget allerede i Clermont? *Således* bør man læse Marcus Aurelius, som en sjæl lytter til en sjæl hinsides rummet og hinsides tiden.

---

[1] Bemærk, at et enkelt fragmentarisk håndskrift til Marcus Aurelius ligefrem bærer titlen: »Epiktets håndbog nummer 2«.

At oversætte Marcus Aurelius hører til de vanskeligste oversætteropgaver. For det første er teksten, som ovenfor sagt, på mange steder usikker (»korrupt«). Dernæst er forfatterens stil påfaldende »u-egal«. Somme tider (som i 1. bog og hist og her ellers) ret letflydende, men ofte bruger han i strøtankerne en lapidarstil som om det kun var hukommelses-udkast (»momenter«) til senere at sætte i form, som fx substantiver eller også adjektiver sat ved siden af hinanden uden verber. Da er det svært overhovedet at finde mening, og usikkert, om den fundne mening nu også er den rette, dvs. Marcus Aurelius' mening og ikke oversætterens. Ved sådanne lejligheder må oversætteren hellere give blankt op eller også i en note vare læseren om, at oversættelsen her kun er formodning. Med rette siger gamle Chr. Bastholm i forordet til *sin* danske oversættelse, at Marcus Aurelius »er på mange steder vanskelig at forstå, og ofte vanskelig at oversætte, endog, om man forstår ham« — blot at Bastholm burde have skrevet: »endog, om man *tror* at forstå ham.«

Af danske oversættelser til hele Marcus Aurelius gives to nævneværdige: Chr. Bastholms 1805 og L. C. Hansteens 1897. Ingen af dem er nu i boghandelen. Hin gamle kloge konfessionarius gjorde sin Marcus Aurelius til en for sin tid meget betydelig bog, mere dog ved de omfangsrige noter, typiske for en ædel moraliserende rationalisme, end ved selve oversættelsen, som — aldeles bortset fra det gammeldags sprog, der i sig selv ingenlunde misklæder oversættelser af gamle forfattere — dog alt for tit lider af den fejl ikke at være filologisk rigtig. Mere filologisk uangribelig er Hansteens oversættelse; han havde jo også, hvad Bastholm ikke havde, i Stichs (første) udgave det nyttige »indeks« over det græske gloseforråd hos Marcus, hvorved oversætteren ofte ved sammenstilling af glosernes steder kan sikre sig deres specielle tekniske betydning hos forfatteren. Men om Hansteens oversættelse må det siges, at den — foruden mangelen på oplysende noter — lider af en lignende skavank, som vor nys afdøde, af

klassisk tekst og fortolkning så fortjente professor Gertz' over-
sættelser lider af, nemlig af *for* megen »korrekthed«. Jeg mener,
at Hansteen for meget tilstræber et slebet og afglattet letløbende
dansk sprog, god »dansk stil«s sprog, men hvorved originalens
karakter udviskes. Ligesom Gertz i sin Sokrates' apologi udvisker
Sokrates' geniale nonchalance, og i sine lukianoversættelser for-
fejler Lukians lette gratie og gør ham firkantet og tung, således
afglatter Hansteen Marcus' abrupte lidenskab, hans vemod, bit-
terhed, længsel, og gør ham docerende glat og skolestilet.
    Man kan oversætte så »rigtigt«, at oversættelsen bliver urig-
tig. »Oversætteren,« siger Bastholm med rette, »oversætteren
har opfyldt sin pligt, når han oversætter sin original således, som
forfatteren rimeligen ville have skrevet den, når han havde skre-
vet i det sprog, i hvilket han oversætter.« Men i så tilfælde ville
ingen af de to danske oversættere have gjort sin pligt. Marcus
ville ikke genkende sig hos nogen af dem. Hos Bastholm er han
blevet en nøgtern klog god gammel rationalist, hos Hansteen
en net akademisk foredragsholder, der på et kateder oplæser af
manuskriptet velformede moralske betragtninger for et dannet
publikum.
    Læseren må da ikke undre sig over at min oversættelse gen-
nemgående vil afvige stærkt fra mine forgængeres og findes langt
mindre »ordret«. Netop fordi jeg tilstræbte at oversætte således
på vort sprog, som jeg mente, »at forfatteren ville have udtrykt
sig, om han havde skrevet på vort sprog«, netop derfor har jeg
i erkendelse af de to sprogs dybe forskellighed ikke blot i gloser
men også i udtryksmåde, ofte forandret endogså sætningernes
rækkefølge, ofte gengivet én glose med flere gloser, mulig også
omvendt, ofte brugt gentagelser, endog af hele sætninger; eller
jeg har brugt anførselstegn og udråbstegn og parentestegn og ud-
hævelsesstreger og andre skriftens virkemidler, som oldtiden ikke
kendte, men som jeg følte lå latente i teksten.
    Den græskkyndige læser vil da finde, at min oversættelse er

overmåde fri; men jeg vil hævde, at netop kun ved stor frihed vil en dansk oversætter kunne nå vidt i *sand* nøjagtighed, hvilken består i sand gengivelse af forfatterens sande mening på hvert sted, og ved »sande mening« forstår jeg ikke blot det glosemæssige, det logiske, men også betoningen, eftertrykket, følelsens styrkegrad osv., ja undertiden endog det underforståede. Det er jo også kun på den måde, at en fremmedartet forfatters virkelige karakter kan fremtræde iklædt en ham fremmed dragt, og det endda altid kun tilnærmelsesvis, for Sydens mennesker fra det 2. århundrede har aldrig kunnet tænke og føle ganske som Nordens mennesker fra det 21.; ikke heller omvendt.

Nærværende oversættelse er af et udvalg. Man har spurgt mig, hvorfor jeg ikke ville give hele Marcus Aurelius; vi ville da have haft et helt kildeskrift af ham, sagde man. Dette er nu ikke rigtigt: en oversættelse kan aldrig blive kildeskrift. Men for det første er der adskillige »stykker« og dele af stykker, som jeg ikke forstår og derfor ikke kan oversætte med god samvittighed. Hansteen er gået på alting med krum hals, Bastholm for så vidt også. Bastholm giver da disse dunkle steder en oversættelse, hvori der nok er mening, men ikke stedets mening. Hans samvittighed ytrer sig da i hans note til vedkommende sted: han tilstår dér, at han ikke forstod stedet; det er da ærlighed. Hvorimod Hansteen, som ikke har noter til at skrifte i, affinder sig med sin samvittighed på en anden måde: han gør på sådanne steder sin oversættelse lige så uforståelig som teksten; det er da også en slags ærlighed.

Men selv om alle Marcus Aurelius' stykker havde været mig fuldkommen klare, ville jeg dog have fundet det tidsspildende både for mig og for læserne, at oversætte dem alle. Det må nemlig tilstås, at nogle af stykkerne er lidet betydende, og mange andre af dem er ikke stort andet end gentagelser, og hvorfor så trætte læserne? Jeg besluttede da kun at tage de stykker som forekom mig mærkelige og betydelige, enten i tankevægt eller i skønhed eller som karakteristik af forfatteren. Og om der i selve udvalget alligevel er medtaget adskilligt som nok kan kaldes gentagelser, så håber jeg dog, at der selv dér vil findes nuancer i følelserne og i stilen, som ikke er uden interesse for den fintmærkende læser.

Min oversættelse er efter Stichs (og Leopolds) tekst, dog at jeg nogle gange har valgt læsemåder efter de tekstkritiske fodnoter i disse udgaver. Et par gange har jeg foretrukket den tekst eller anordning, som Wilamowitz-Moellendorff har i det lille udvalg af Marcus Aurelius, som findes i hans fortrinlige »Griechisches Lesebuch«; nogle få gange har jeg anvendt (og motiveret) egen konjektur.

De noter, hvormed jeg har ledsaget de fleste af stykkerne, skal væsentlig kun tjene til tekstens forklaring og er for så vidt at betragte som supplementer til indledningen. Overskrifterne (titlerne) til hvert stykke er sat til af mig.

MARCUS AURELIUS'
TANKER TIL SIG SELV

I, 7: HVAD JEG HAR AT TAKKE RUSTICUS FOR

Min lærer *Rusticus* skylder jeg forståelsen af, hvor vigtigt det er, at ens moralske karakter kommer under tugt og pleje. — Han lærte mig, at jeg ikke måtte lade mig friste af aspiration i retning af den blotte sprogkunst, ikke lave forfatterskab på lærde teorier, ikke føre et sprog som om jeg holdt forelæsning, ikke ville imponere som filosofisk kraftkarl, eller agere den store menneskeven. Han lærte mig at holde op med alt det talekunstneri og det digteri og disse sproglige finesser. Og lade være med at spadsere om i slængkappe og den slags, hjemme hos mig selv. Og skrive mine privatbreve uden stilistisk pynt, men tage lære for eksempel af det brev, Rusticus selv skrev fra Sinuessa til min moder. Og, når nogen har fornærmet mig og gået for vidt mod mig, så ikke være treven til omstemning og forsoning, så snart vedkommende selv ønsker at gøre det godt igen. Og, når jeg læser, så læse grundigt og ikke lade mig nøje med en omtrentlig forståelse og det de kalder »i store træk«. Og, når folk har et godt snakketøj, så bruge kritik og ikke straks sige det er udmærket. — Og endelig, at jeg lærte *Epiktets* skrifter at kende, det kan jeg takke Rusticus for: han åbnede det skatkammer for mig.

Stykkerne i 1. bog danner et sammenhængende hele, det kan man ikke sige om de andre bøger. Marcus udtrykker sin taknemmelighed mod mennesker der i ungdommen har lært ham noget moralsk godt, således sin farfader, fader, moder, hovmester, mange af sine lærere, sin adoptivfader den ædle Antoninus (Pius), og til sidst takker han guderne med mange og varme ord. — Om kejserens taknemmelighed mod sine lærere vidner hans historieskriver Capitolinus, at han havde deres forgyldte billeder i sit huskapel, og ærede deres grave med ofringer og blomster; og at han særligt for *Rusticus*, efter dennes død, forlangte senatets bevilling til at rejse statuer [formodentlig skal der dog

vel læses:»statue«. — R. havde været præfekt i Rom og 2 gange konsul].
Den kæde af små karaktersvagheder, som opregnes i dette stykke, er meget
livagtige. De af dem som Marcus karakteriserer som *sproglige* unyttigheder, er
naturligvis *Frontos* opdragelses-system (»eloquentia«), hvorom vi har talt i
indledningen. Men der er andre svagheder, som Fronto ikke kan have skylden
for, det er *anlæg* hos Marcus selv, yndlingssvagheder, forfængeligheder nem-
lig. At M. så godt selv kender dem, viser selvkritik; at han tilstår dem, ydmyg-
hed; at han fik bekæmpet dem, sjælsstyrke. For vist er det, at hans livsførelse
og handlinger var præget snarere af det modsatte af hine anlæg. Stykket har
stor psykologisk interesse.
     »Moralske karakter under tugt og pleje«. Dermed mener han netop over-
gangen til stoicismen fra æstetikken (dvs. fra Fronto). — *»Spadsere om i
slængkappe«* etc. Teksten har »stola«, lang kappe, mest en damedragt. Der
må tænkes på nogen slags ungdommeligt lapsen eller affektation; nærmest
ligger, efter det foregående, at ville »give« digteren eller skønånden. (Når
Capitolinus siger, at M. som 12årig »antog filosofdragt og studerede i pal-
lium (lang kappe) og sov på jorden«, så ligner det en uheldig kombination
af nærværende sted med takken til Diognetos, stykke 6 (ikke medtaget her),
hvor M. omtaler sin *drenge*alders hårdførhed.) — *»Imponere som filosofisk
kraftkarl«*, ordret: »give forestilling som asket-manden på en sanseforbløf-
fende måde« dvs. overdrive sin stoiske nøjsomhed for at vække beundring.

I, 10: HVAD JEG KAN TAKKE MIN LÆRER ALEXANDROS FOR

Af sproglæreren *Alexandros* har jeg lært, at man i en disput ikke
må være krigerisk. Har modparten måske brugt et udtryk, der
var udannet, ufint eller endog råt, så får ikke frem med bebrejdel-
ser, men sørg for, i al behændighed at få anbragt det *rette* udtryk
for samme sag, netop som det *burde* have lydt; denne anbringelse
kan du gøre i løbet af dit modsvar — eventuelt tilslutning eller
også videredrøftelse —, blot at du i drøftelsen holder dig til sagen
og ikke rider på hint forkerte udtryk, — eller hvis du kan finde
en anden taktfuld form for reprimande.

En fin lille lære i høflighed! Gamle Bastholm, der selv var en fin og hoffähig
mand, godter sig formelig i en lang note:»Det er en fin måde at rette andre
på, som begår en fejl i sproget« osv.

I, 11: HVAD JEG HAR LÆRT AF FRONTO

Af *Fronto* har jeg lært at blive opmærksom på, hvordan ildesind, uærlighed og forstillelse er forbundet med tyranniet, og at disse, som hos os kaldes højadelige, er så temmelig hjerteløse mennesker.

Jeg har medtaget dette lille stykke kun for det berømte navns, Frontos, skyld. I virkeligheden er det temmelig uforståeligt. Der er intet som passer på Fronto, M.'s lærer i veltalenhed, ham, hvis brevveksling med M. gennem mange år vi besidder. Et lille forsøg på forklaring har jeg givet i indledningens sidste parti, men jeg vil meget hellere tro, at navnet Fronto er forskrevet i stedet for et andet navn.

AF I, 17: HVAD JEG HAR AT TAKKE GUDERNE FOR

Guderne endelig, dem takker jeg for, at jeg havde gode bedsteforældre, gode forældre, en god søster, gode lærere, gode pårørende, slægtninge, venner — gode næsten alle. Og at jeg aldrig i overilelse kom til at forsynde mig slemt imod nogen af disse, endskønt jeg i min natur havde visse anlæg, som nok kunne have givet sig slemme udslag i den retning, om lejlighed havde tilbudt sig; det er da *gudernes* velgerning, at sådanne lejligheder udeblev, som ville have bragt det stygge i min natur for dagen.

Og så *det*, at den røgt og pleje, jeg som barn fik hos min bedstefaders elskerinde, ikke varede længere end den varede. Og at jeg fik bevaret min ungdoms renhed og ikke blev til mand før tiden . . .

At jeg kom under myndighed af en regent og fader, som ret kunne tage al min indbildshed fra mig og bringe mig til at indse at man godt kan leve et fyrsteliv uden at behøve drabanter eller udmærkelsestegn på sin dragt og fakler og billedstøtter og den slags pral; man kan meget vel indskrænke sig til en privatmands levefod, på det nærmeste da, uden derfor at blive ringere eller slå af på de officielle pligter som en hersker har at udføre på en herskeværdig måde . . .

At de børn jeg fik, ikke var unormale på sjæl eller legeme …

Og det at jeg ikke gik videre i mine øvelser i retorikken og i mine forsøg i digtekunsten og hvad jeg ellers havde lagt mig efter; jeg var måske blevet hængende deri, når jeg mærkede at disse ting lå for mig …

Og at jeg fik for vane ret indtrængende at stille mig for øje hvad livet virkeligt er, det rette liv, det som leves efter naturen. Dertil gav guderne mig både den første indskydelse, så også forståelse deraf og tænkning derpå. Så at der *fra guddommelig side* intet er til hinder for, at jeg jo allerede nu kan leve det rette liv! At der endnu mangler adskilligt deri, det kan jeg *takke mig selv* for: jeg har ikke været udholdende nok i agtpågivenhed over for gudernes påmindelser — ja jeg kan godt sige deres belæring og undervisning.

Og så det at mit legeme har holdt ud lige til nu i dette anstrengende liv, jeg må føre. — Og det at jeg ikke forgreb mig på Benedikte eller på Theodotos, men at jeg også senere, under erotiske anfægtelser, holdt mig klar deraf. — Det at jeg under mine jævnlige misstemninger mod Rusticus ikke gik for vidt og gjorde noget jeg siden ville have angret. — Og det at min egen moder, der skulle dø så tidligt, at hun kom til at bo sammen med mig i sine sidste år. — At jeg, så ofte jeg fik lyst til at hjælpe en fattig eller på anden måde trængende, at jeg så altid slap for at måtte høre, at jeg jo ingenting havde at give af. Og lige sådan, at jeg aldrig selv har været ude for trang, så at jeg måtte modtage af andre.

Og det at min hustru er som hun er: så føjelig, så god og kærlig, så let at komme ud af det med. — At vi fik held med at finde duelige opdragere for vore børn. — At der gennem drømme blev vist os hjælpemidler for eksempel mod blodspytning og mod svimmelhed, og så det vi oplevede i Gaëta — ligesom ved et orakel —

Og at jeg, da jeg fik lyst til filosofiens vej, så ikke faldt i hænderne på en charlatan af en lærer eller satte mig hen at skrive afhandlinger eller løse syllogismer, eller gav mig til det fag hvor man snakker ud i det blå.

— — Alt dette er kun muligt ved gudernes bistand og en lykkelig skæbne.

Dette lange stykke, det sidste i 1. bog, indeholder vigtige bidrag til Marcus' karakteristik, smukkest måske disse uforbeholdne selv-erkendelser. *Bedstefaders elskerinde.* Man véd intet derom. Hun har sagtens en tid været husbestyrerinde hos farfaderen, hos hvem drengen Marcus boede. — *Regent og fader*, nemlig kejser Antoninus Pius, Marcus Aurelius' forgænger og adoptivfader, en elskelig karakter, hvem Marcus med kærlighed omtaler i stykke 16, men har sat det allersmukkeste monument i 6. bog stykke 6, oversat nedenfor. — *Billedstøtter.* Meget muligt at han mener tjenere der paraderer og står ret (»så stive som støtter«) — *De børn jeg fik.* Der var et par døtre, to drenge døde som unge. Commodus blev kejser, denne vil historien næppe kalde åndelig normal. — *Retorik og digtekunst.* Når M. undertiden omtaler disse sin ungdoms sysler med foragt, ja som en moralsk fare han var undsluppet (således allerede ovenfor stykke 7), så skimter man andetsteds hos ham en vis vemod over at have måttet forlade dem. Ja jeg skulle tro, at han ved ordene her: »når jeg havde mærket at disse ting lå for mig«, endnu røber en ikke ganske dræbt lille artist-forfængelighed. Det er netop dobbeltheden i hans væsen, det gør denne sjæl så interessant og fængslende: først og fremmest har jeg *pligter*: jeg er kejser og skal regere til folkenes lykke, jeg er feltherre og skal sejre til rigets frelse, jeg har ikke tid eller lov til at pleje personlige tilbøjeligheder. Guderne være takket da, at de ved *filosofien* har lært mig at indse, at personlige tilbøjeligheder er i og for sig forkastelige i forhold til det almene, at æstetikken er forkastelig i forhold til moralen. — *Det liv som leves efter naturen.* Dette er den stoiske hoved-leveregel og visdom, hvorom er talt i indledningen. — De to personer som voldte »erotiske anfægtelser«, kender vi ikke noget til.

M.'s jævnlige *misstemninger mod Rusticus* behøver ikke at overraske os. De hører vel til hine sjælekampe i hans ungdom, det svære valg mellem Frontos og Rusticus' livsanskuelser, som vi har omtalt i indledningen. Muligt har Rusticus, som intransigent stoiker, været hårdere og stejlere af væsen end den smidige Fronto. Sml. Frontos drilleri: rusticus Romanus, »romersk bondeknold« (se indledningen). — *Min hustru* osv. Nemlig Faustina (den Yngre). Hendes rygte er ellers hos forfatterne ikke godt. Men, kan ægtemænd være forblindede, så kan rygter sandelig være aldeles forkerte: forfattere kan nok lide at være pikante. Vi har hos historikeren Vulcatius et brev, som angives at være skrevet af hende til ægtefællen; brevet er ikke uden bitterhed, men vækker vor sympati. — Det med »orakelsvaret i Gaëta« kendes ikke; for resten er stavemåden her usikker.

»*Da jeg fik lyst til filosofiens vej*«, nemlig da han som 25årig brød med æstetikken og blev stoiker. — »*Det fag hvor man snakker ud i det blå*«. De tidligere oversættere giver »studere himmellegemerne«, men det synes der aldrig at have været tale om ved M.'s opdragelse, og vedk. glose kan også betyde det »svævende«, luftige sludder; jeg antager derfor at M. mener disputerkunsten, dialektiken, ligesom han ved »at løse syllogismer« mener den formelle logik. Begge dele er for ham ikke sand filosofi, kun livslæren er ham værdifuld.

1. bog slutter med ordene: »I kuadernes land ved Granua«, det er: i Nordungarn, dér hvor floden Gran falder i Donau. Dér er altså 1. bog skrevet, eller i alt fald afsluttet, i en krigslejr, under et felttog, vi véd ikke nøje når. — Vi tænker os kejseren i sit telt eller andet midlertidigt opholdssted, ensom, ved nattetide, ved lampelys, mens ellers hæren sover, på nær vagtholdet — dér sidder øverste krigsherre og nedskriver blide tanker: tak til mennesker, mennesker som er døde og mennesker som endnu lever, dem som engang har nedlagt noget godt i hans sjæl. Blide tanker: tak til guder, guder som aldrig kunne blive andet end hans egne længsler efter godhed, renhed, uendelighed —
Tys. Barske stemmer, klirren af våben. Virkeligheden.

II, 1: ALDRIG VREDES!

Når du vågner om morgenen, så sig til dig selv, og forehold dig:
Jeg skal i dag holde møde med en næsvis herre, med en utaknemmelig person, med en tølper, en lumskepeter, en krakiler, en egoist og så videre. Men alt *det* er overgået disse mennesker kun af *uvidenhed* om hvad der er godt og hvad der er ondt. — Men *jeg*, som har nået til erkendelsen af det gode og det onde, hvad det virkelig er, nemlig at det ene er det som skal attrås, og det andet er det som skal skyes; jeg, som også erkender selve den fejlende person, hvad han virkelig er, nemlig min *frænde*, vel ikke efter blod og sæd, men efter sjælsudspring, idet hans sjæl med min har fælles guddommeligt ophav; *jeg* kan jo, husk det! ikke lide virkelig fortræd af nogen af de mennesker; for gøre ondt og lavt kan ingen tvinge mig til, og så er der ingen virkelig »fortræd«. Ja ikke engang *vredes* på ham kan jeg, han er jo min frænde, min *fjende* kan han ikke blive, for vi er jo skabt til samvirken, ligesom hos et menneske fødder og hænder og øjne og de to tandrækker. *Mod*

naturen er det altså at modarbejde hinanden; og *den* modarbejder, som er vred eller blot nægter samarbejde.

Et levende sjælsbillede af en mand som rejser sig til et dagværk hvis art egentlig ikke ligger for ham, og til samarbejde med mennesker han ikke kan lide; men han tugter sig op til sin pligt mod dagværket og mod menneskene. Mandens natur er den stille tænkers, bogmandens, men hans *pligt* er kejserens, er øverste feltherres. Hvis ordene »i Carnuntum« (dvs. skrevet i C., en hovedlejrplads ved Donau ikke langt fra det førnævnte Granua), som står ved slutn. af 2. bog, hvis disse ord gælder hele 2. bog, hvad der er usikkert, men kan være rimeligt, så er de personer, han nu »skal holde møde« med, sagtens hans stab, hans underfeltherrer, adjudanter, vel også civile ministre osv. Mange af dem har han altså ikke kunnet lide, hans kritik er skarp. Men i samarbejdet bekæmper han sin kritik, kun »til sig selv« lettede han sit hjerte.

Dog rejser sig her nogle psykologiske spørgsmål. Vel kan man forstå, at en mand af Marcus' karakter og stilling trængte til at lette sit hjerte på denne måde. Men hvorfor sørgede han så ikke for bagefter at tilintetgøre sådanne papirer? Han risikerede jo, at de før eller senere måtte blive læst af de personer, som han netop ville skåne for disse slemme invektiver? Eller har han tænkt sig, at vedkommende ikke ville genkende sig, når de ikke udtrykkelig blev nævnt ved navne? Eller har han troet at de ville føle sig tilstrækkelig rehabiliterede ved at se sig undskyldt med noget så fundamentalt som *uvidenhed* om hvad der var godt og ondt? Umuligt.

Er det da tilladt at formode om en mand som Marcus, at han netop har tænkt sig, at vedkommende ville få det at læse; at han netop på denne indirekte måde har villet hævne sig, straffe, *opdrage* eller hvad man nu vil kalde det? Vil man finde denne fremgangsmåde mindre åben, mindre mandig? Måske. Men vist er det, at mennesker i overordnede stillinger, jo mere hensynsfulde og fintfølende de er, des mere inkapable er de tit til den direkte afstraffelsesmåde. Om Marcus Aurelius véd vi, at han hadede at straffe; vi formoder da, at han også har hadet at *skænde*.

Forresten hænger denne sag sammen med en formodning, som nærv. oversætter har udtalt i forordet om selve skriftets tilblivelsesmåde.

— *Næsvis herre*. Vedk. græske glose betyder »den som tager sig ting for, som ikke vedkommer ham og ingen nytte er til«.

— *Synd beror udelukkende på uvidenhed*. Denne lære kendes allerede fra Platon, som i Sokrates' forsvarstale lader Sokrates bruge den som en af sine frifindelsesgrunde.

— *Menneskesjælenes fælles udspring fra det guddommelige*, se herom indledningen. Hos Platon er sjælenes oprindelige hjemsted »ideernes verden«, hvor alt var fuldkomment og hvortil sjælene længes tilbage. Men af dette fælles udspring drager stoikerne en ganske anderledes *praktisk* følgeslutning end

Platon, nemlig et menneskehedens fælles broderskab, hvor hver enkelt »verdensborger« er til for det heles skyld og »skabt til samvirken«. — »*Ingen kan gøre mig fortræd, for ingen kan tvinge mig til at handle ondt*«. En ophøjet lære af den strikseste stoa: Intet er i sandhed ondt, og intet er i sandhed godt, uden hvad der »står i vor magt«, nemlig vor moral og vore frivillige handlinger. En ophøjet lære, ja, at fx egen lidelse ikke er noget onde; men konsekvensen, at andres lidelser altså heller ikke er noget onde, den fører til følelsesløshed og umenneskelighed. — Beslægtet, men mere menneskelig, er Sokrates' stolte ytring i Forsvarstalen: »*Skade* mig kan min modpart ikke, for det er moralsk umuligt at den bedre mand bliver skadet af den ringere«.

II, 2: DIT JEG

Dette, hvad det nu er som kaldes mit *jeg*, tre ting er det: noget kød, noget åndedræt og så den sjæl der er skabt til at herske. — Læg dine bøger bort, lad dig ikke længere friste af dem, det har du ikke tid eller lov til; tænk som om du nu straks skulle dø, tænk på dit *jeg*:

Noget kød; ikke sandt, er det andet end foragt værd? ækelt blodigt stof, nogle knogler, noget trevlevæv, en sammenfiltren af sener og årer. — Så det andet, åndedraget, se rigtigt hvad *det* er: luft er det, vind, og det altid forskellig vind, prustet ud, atter snøftet ind, ud, ind, hvert sekund. — — Men så er der det tredje, det eneste vigtige, det som skal herske.

Brug da din sjæls fornuft, du har ikke tid, du er gammel. Det i dig, som bør herske, lad det ikke længere trælle! Lad din ædleste sjæle-del ikke længere være en marionetdukke for dine egoistiske stemninger og lyster!

Og din lod i livet, din nu engang tildelte livsskæbne — modtag den uden uvilje som den *er*, og vent den uden frygt, som den kommer.

Personlighedens tre dele: legeme, liv (det fysiske liv), sjæl (det åndelige) kommer igen nedenfor i III, 16, men med andre gloser; også de danske gloser er utilstrækkelige og dækker ikke den gamle filosofis forestillinger. Den anden og tredje del er vi tilbøjelige til at sammenfatte under glosen »sjæl«. Hos Marcus Aurelius (her) bliver altså »sjælen« todelt, i det fysiske liv og det åndelige, en todeling som anerkendtes i kirkelig psykologi, nemlig som »sjæl« (i speciel betydning) og »ånd«. Platon havde en tredeling, nemlig 1) den sansende og begærende del, 2) den åndelige, tænkende og guddommelige del, og så 3) den mellem hine vælgende og villende del. Marcus Aurelius' »den del der er skabt til at herske«, er Platons tænkende og guddommelige del, med udspring fra kosmos og derfor guddommelig og sat i hvert menneske som hans »daimon« (samvittighed, gode engel) for at minde mennesket om hans ubrydelige sammenhæng med kosmos. I sammenligning med denne del, »som bør herske«, bliver personlighedens to andre dele værdiløse: det fysiske liv reduceres til »vind«, fordi dets ydre kendetegn er åndedrættet (mulig også ved et lille sprog-fif af forfatteren, idet han, romeren, benytter ligheden mellem det græske άνεμος, der betyder vind, og det latinske *anima*, åndedræt (at ordene virkelig er af samme sprogrod, er her uvedkommende). Den resterende del af personligheden, legemet, betragtes af stoikeren med en foragt og afsky, der minder om visse oldkristne asketer. (Også Platon betragter jo legemet som en hindring for åndens frihed, men bruger ikke så voldsomme ord.) — Marcus Aurelius ser ikke, at han heri (som på andre punkter) er inkonsekvent; foragt og afsky er, efter stoicismen, overhovedet ikke på sin plads over for noget som helst; for intet er uden for kosmos, og kosmos er fuldkomment.

— »*Læg dine bøger bort, lad dig ikke længere friste af dem*«. Det er filosofiens sejr over æstetikken — Rusticus' og Epiktets sejr over Fronto, hvad vi så i indledningen. Men fristelsen er der endnu.

— (Slutningens »vent den uden frygt« beror på en smuk lille tekstkonjektur af en gammel engelsk udgiver.)

AF II, 3: BORT MED BØGERNE!

… Fordriv den tørst du har efter *bøgerne*, for at du ikke skal dø med misfornøjet knurren, men med sindets tilfredshed og tak til guderne, en tak som kommer fra hjertet og er uden forbehold.

Atter »bøgerne«. De er ham en *fare*, de kan bringe ham til at knurre mod guderne. Hvorledes det? Jo, bøgerne, det er alt hvad han forhen havde kært, det er videnskaberne, det er retorikken, det er forfatterskab, det er litterær berømmelse, det er Fronto. Alt det kunne underminere stoicismen, underminere troen, bringe til at knurre mod denne lærebygning, for hvis skyld han opgav sin ungdoms interesser. Stoicismen er nu blevet hans *religion*. Men ser man ikke her lidt af en tvivl, lidt af en vaklen, lidt af en sønderrevet sjæl?

AF II, 5: DAGENS PLIGT.

Øjeblikkets krav, dagens pligt — den skal du til enhver tid lægge din kraft i, som en mand, som en romer, med punktlighed, med oprigtighed, med alvor. Ja, og med hengivenhed, med villighed og loyalitet. Bort med alle andre indtryk, skaf dig tid til dagens pligt. — Alt det vil du kunne, hvis du tager fat på hver din gerning med den tanke, at den måske bliver dit livs sidste.

»Hvad du evner, kast af i de *nærmeste* krav«. Men ser man ikke en mand der *tugter* sig op til *dag-pligter* der ikke smager ham. Man savner i hans opregning ordet »med interesse«. I rådsmøderne, i audienser, i krigsrådet, på slagmarken gør han fyldest; men se hans rytterstatue under Capitolium, manden med det blide ansigt, uden hjelm, sværd og rustning, sat op på den vælige stridshingst! Det er nok kun af *pligt*, han sidder dér!

— Tekstens sidste opfordring, hvor smuk og god! Lettere dog at følge for gamle folk, som langt over støvets år lægger hånd på et kært om end brydsomt arbejde, end det er for dem, som i livets formiddag ikke let tænker sig nogen id som den sidste.

II, 14: MAN LEVER KUN MOMENTVIS

Om du så bliver tre tusinde eller tredive tusinde år gammel, så husk, at det liv man mister når man dør, det er ikke andet eller længere end det liv man ejer i mistelsens øjeblik; og man ejer ikke andet eller længere liv end det man *nu* mister. Altså kommer det ganske ud på ét, om det *passerede* liv har været langt eller kort; det moment liv man endnu *har* i dødsøjeblikket, er lige langt for alle; altså er også det moment liv, man nu *mister*, ens for alle. Det man mister, altså, både *er*, og må *forekomme* at være, næsten som ingenting. Den tid som alt er forsvundet, den kan man jo ikke »miste«, lige så lidt som man kan »miste« den tid som endnu ikke er kommet: hvad man ikke *har*, det kan jo ingen tage fra en.

Disse to ting skal man nu huske: det ene er, at alt hvad der sker, er fra evighed af de samme ting; det er ligesom kulissevægge der drejes rundt; lige meget om der går hundrede år eller tre hundrede år eller uendelig tid; man får de selv samme ting at se.

— Det andet er, at det menneske som lever længst og det menneske som dør tidligt, de mister ved døden akkurat lige lang tid: det eneste, de begge mister, det er livsmomentet; det er nemlig det eneste, de *har* af liv. Hvad man ikke har, det »mister« man altså ikke.

Denne øjensynlige sofisme bruger M. også ellers som et af midlerne til at borttage dødens brod. Og som om han følte at det kun er sofisme, bruger han en mængde ord af gentagelser — hvilket er så meget mere kuriøst, som han ellers er så overordentlig kortfattet og ordknap. Ja, endog, efter indskuddet af en tanke som knap nok hører herhen, hvorvel også den er en yndlingstanke hos ham (den om den evige gentagelse) — så repeterer han endnu engang sin futile bevisførelse. — Stykket er medtaget i nærv. oversættelse, fordi det, skønt uden større moralsk værdi, dog karakteriserer en side hos vor forfatter. — (Stykker hos M. af en urimelig ordfylde, ligesom de langt flere stykker af en urimelig ordknaphed, taler begge, ved deres ufærdighed, for teorien om at værket, som det nu foreligger, kun har været *udkast* til påtænkt sammenarbejden.)

II, 16: NEDVÆRDIGELSE

Menneskets sjæl nedværdiger sig — først og fremmest når den vil skille sig ud (så vidt den evner det) fra fælleslivet og blive ligesom en syg udvækst. Blot det at stille sig modvillig over for en tildragelse er et slags oprør mod det store fællesvæsen, hvoraf alle enkeltvæsener hver for sig er afhængige. — Endvidere nedværdiger din sjæl sig, når den fatter uvilje mod et menneske og modarbejder ham med hensigt at skade; sådan bliver menneskers sjæle når de er bytte for vredens lidenskab. — For det tredje, når sjælen ligger under for sanselig lyst eller også giver fortabt over for smerter. — For det fjerde, når den siger eller gør noget hvori der er hykleri eller forstillelse eller usandhed. — For det femte, når en handling af den, eller blot bestræbelse, er uden sikkert øjemed, men den foretager sig noget, af hvad art det end er, vilkårligt og hen i vejret og uden hensyn til fælleslivet, skønt selv det mindste der sker, bør være følgagtigt med det heles gang efter formål og bestemmelse; særligt er det *menneskenes* bestemmelse at følge lov og skik i det samfund hvori vi er borgere; og *det* samfund, hvori vi som fornuftsvæsener har borgerskab, er ældst og ypperst af alle samfund.

Ægte stoisk dogmatik. — Det, jeg i oversættelsen her og andre steder har gengivet med forskellige udtryk: fælleslivet, fællesvæsen, verden, verdens-altet, det hele, naturen, alnaturen, verdensordningen o. a., har hos stoikerne ligeså en mængde gloser, men der menes det samme, »kosmos« nemlig. — »Blot det at stille sig modvillig *mod noget af det der sker*, er oprør.« Ja sådan står der, og det er fuldkommen logisk efter den stoiske lære, at verdens-altet er fuldkomment, og intet er uden for kosmos. Men umuligheden af hin fordring: ikke at stille sig modvillig mod noget, er så indlysende (man burde da hverken hjælpe eller afværge eller overhovedet foretage sig noget som helst, og selve Marcus Aurelius' regerings- og krigshandlinger ville alle være forkastelige), så aldeles iøjnespringende, at jeg tænker M. har villet skrive: »noget af det der sker *med mig*« og dermed ment »min personlige skæbne«, så blev der *noget* mere fornuft i stedet. Jeg har dog ikke, mod alle håndskrifter og udgaver, turdet tilføje det lille »med mig«. For det er måske ikke ganske fremmed for vor forfatter: at sætte den krasse logik op imod al menneskelig mulighed.

Resten er smuk og ædel menneskelighed. — Slutningen har været svær at oversætte, tankerne er ligesom sammenknugede, kun med mange ord har jeg kunnet få tydelighed. — »Det ældste samfund« er atter kosmos; se indledningen.

II, 17: FILOSOFIEN

I menneskelivet er, dets tidsrum: et punkt, dets natur: en rindende strøm, fornemmelsen deraf: svaghed og dunkelhed. Vort legeme: en organisme helt og holdent hjemfaldet til forrådnelse. Vor livsånde: en indslubren af vind. Vore livsvilkår: noget der ikke kan beregnes. Folks omdømme om os: ukritisk og vilkårlig. Kort sagt, sådan er alting: det legemlige er bortflyden, det sjælelige drøm og røg, livet selv krig og udlændighed, og eftermælet — forglemmelse.

Er der da intet, som kan lede os gennem alt det? Jo, *filosofien*, ene og alene den. Hvorledes? Jo, *inde* i dig bor noget guddommeligt, et helligt væsen, det må du agte på, at du ikke nedværdiger det, ikke forringer det; behersk dine lyster, behersk dine smerter;

dine handlinger være målbevidste, ikke løjede, ikke hyklede; gør dig ikke afhængig af en *andens* handlinger eller ikke-handlinger; modtag dine skæbner som tilskikkelser, de sendes dig jo hist fra hvorfra du selv er kommet. — Og til slutning er der døden; døden kan du oppebie med frejdigt sind, den er jo dog intet andet end naturlig opløsning i de smådele, hvoraf hvert eneste levende væsen er sammensat. Og når der for selve disse smådele ikke er noget slemt i at hver af dem idelig er i overgangstilstand til noget andet — hvorfor da være ængstelig ved at de alle under ét kommer i overgangstilstand og opløsning? Ingenlunde, for *det er efter naturen, og intet som er efter naturen, er af det onde.*

Dette sidste er ordret stoisk katekisme. — Det første synes derimod af en bitterhed, der måler sig med »Prædikerens bog« i det Gamle Testamente. Dog: om man sagde til Marcus: Hvorfra denne bitterhed, når dog verden er fuldkommen? så ville han vel svare: Bitterhed? Ingenlunde, jeg siger kun tingene som de er; om de er så eller så, står »uden for min magt«, vedkommer derfor ikke mig; og det er godt som det *er*. Bitterhed? Nej; med et smil ser jeg på tingene og siger blot som de *er*. — Det ville han i det mindste sige. *»Indslubren« af vind.* Den græske glose herfor er en let konjektur af oversætteren; ene den giver mening og ene den bringer overensstemmelse med 11, 2. — *Livet krig og udlændighed.* Passer slående på Marcus selv, om end »udlændighed« vel nok filosofisk skal forstås om sjælens nedsænkning i legemet. *Det hellige væsen* er den i hvert menneske fra Gud Kosmos nedsænkede daimon. — *Behersk dine lyster* osv. For de flg. fem linjer giver tidligere oversættere en ganske anden mening, beroende blot på en efter min anskuelse fejlagtig henførelse af alle akkusativerne. — *Hist fra, hvorfra du selv er kommet.* Du selv, dit egentlige, dit bedste jeg, er kommet fra Gud Kosmos.

AF III, 3: GÅ FRA BORDE!

Du kom om bord, du fik gjort rejsen, du er ved målet: gå så fra borde! — Hvis til en anden tilværelse, så er »intet blottet for guder«, altså heller ikke det hisset; hvis til sansningens ophør, du vil da blive fri for at døje smerter og lyster og for at gøre trælletjeneste for dette hylster af et legeme, denne lerbeholder, som er så uendeligt ringere end det den holder fanget i sig. For *dette* er ånd og guddom, det andet er muld og smuld.

Atter en af de mange betragtninger til at borttage dødens brod.

Marcus er opfindsom i at finde beroligelse over for dødstanken, som meget beskæftiger ham. — *Intet er blottet for guder* eller *alt er fuldt af guder*, brugtes næsten som mundheld. Det synes at stamme lige fra filosoffen Thales ca. 600 før Kristus (der dog næppe brugte det som udtryk for stærk troende polyteisme, men snarere som når vi ville sige: der er idealitet ved alting).

AF III, 4: OM DÅRLIGE TANKER

Vel skal man udelukke af sin forestillingskreds alle ørkesløse og tomme tanker, men navnlig de nyfigne og de ildesindede. En god vane er: ikke at huse andre tanker end sådanne, at hvis pludselig en kom med det spørgsmål:»Hvad tænker du *nu* på?« at du så frimodigt og lige straks vil kunne svare:»Jo jeg tænker såmænd på det og det« — så kan enhver straks se at der ikke var noget at skjule, og ikke noget galt, for du tænkte kun tanker der sømmer sig for en brav mand der har gjort sig fri for egoisme og fejet alle vellystige fantasibilleder ud af sin hjerne, ja gjort rent bord med al smudsig spekuleren, al trættelyst, krakileri, misundelse, mistanke, ja med alt hvorover du måtte rødme ved tilståelse, at sådan noget havde du altså haft i hovedet.

Træffende siger Bastholm, efter at have rost dette smukke stykke:»Men, burde vi ikke undse os *for os selv*, om de [hine dårlige tanker] end blev skjult for andre?« — I første linje er den græske tekst mig utydelig; hovedmeningen er dog givet.

— *En mand der har gjort sig fri for egoisme*. Den græske glose siger:»*En fællesagtig* (dvs. fællesfølende) *skabning*«, og er et teknisk udtryk for den stoiske etiks vigtigste fordring, at man skal opgive sin individualisme og kun føle sig som led af kosmos (verdensordningen, al-livet) og, i snævrere forstand, af menneskeheden.

III, 5: DEN RIGTIGE MAND

Dine handlinger må du ikke foretage med modvilje, du må ved dem ikke tænke mest på dig selv, ikke gå til dem uden prøvelse, og

ikke som om du blev slæbt til dem. Gør ikke megen stads af det
kønne du har tænkt og tilsigtet; ikke mange fraser, ikke megen
geskæftighed.

Og så: den gud som er i dig, giv ham ledelsen over dig! Men
vær da hans ledelse værdig: som mand, som gammel mand, som
offentlig personlighed, som romer, som hersker, under ingens
kommando uden sin egen — ja, men dog som en der er rede til
afmarch, en krigsmand der venter på signalet til retræte, til af-
gang fra livet. Ikke behøver en sådan nogen edsaflæggelse, ikke
påtegning i nogen skudsmålsbog. Med glad åsyn står han dér,
ubekymret, behøver ingen tjenende hjælp. Med sjælero står han
dér, han har den fra sig selv, behøver ikke andres betryggelse. Støt
skal han stå, ikke støttet.

Ikke tænke mest på sig selv, den græske glose siger: »u-fællesagtig«, se noten
til forrige stykke. — *Den gud som er i dig*, din daimon. — »Edsaflæggelse«,
»påtegning i skudsmålsbog«; jeg svarer ikke for rigtigheden af oversættelsen
her; kan det være billedligt om en subaltern officers konduiteregnskab ved
afskedigelsen? — »Med glad åsyn«. Stedet er korrupt.

Som gammel mand. »Presbytes« står der, »gammel mand«. Hvor tid-
ligt i årene en datids romer kunne kalde sig »gammel«, vides ikke, det er jo
også noget subjektivt. Men da Marcus ved sin død, år 180, var ca. 59 år, så
kunne ordet »gammel« her tyde på, at i alt fald stykket her er skrevet ikke så
længe forinden; han taler jo også (hvad han for resten flere steder gør) om sin
død som nærforestående. Da nu stykket her står i den første sjettedel af hele
værket, så måtte man kunne slutte,, at hele værket hører til M.'s livs aller sidste
del (hvilket ikke hindrer, at jo mange af disse strøtanker kan være nedskrevet
langt tidligere). Er dette rigtigt, at han altså i slutningen af sit liv har anvendt
sine knappe fristunder på at få det frem, som nu foreligger, og da dette foreli-
gende er så uegalt i stil og ofte så ukunstnerisk i sprog, så synes der at foreligge
et *afbrudt arbejde*, og da vel ved døden. Jeg føres da til den formodning, som
udtalt i forordet, at M. har stræbt i sin sidste levetid at give sine strøtanker en
kunstnerisk form til offentliggørelse, men er blevet afbrudt ved døden.

III, 10: LIVETS LIDENHED

. . . Husk også på, at det hvert menneske i virkeligheden *lever*,
det er kun nutidsøjeblikket, et forsvindende lidet; resten er enten

blevet borte i fortiden eller skjult i fremtiden; lidet er da det som hvert menneske virkeligt lever. Liden er da også den bitte krog af Jorden, *hvor* man lever; lidet også selv det længste eftermæle, og eftermælet sker ved overførelse, og overførelsen sker gennem sølle menneskebørn, som i næste øjeblik allerede er døde, — førend de fik tid til at kende sig selv, endsige kende den som for længst er død.

Kan M. have glemt, at der også er et *litterært* eftermæle? — Begyndelsen sml. sofismen II, 14.

III, 14: OPGIV FORFATTERSKABET

Gør dig ingen illusioner længere! Dine stakkels »optegnelser« kommer du dog aldrig til at læse. Heller ikke »de gamle romeres og helleneres gerninger« og disse uddrag af forfatterne, som du havde tænkt skulle være din alderdoms beskæftigelse. Så il da blot til målet, slip alle tomme forhåbninger og bring *dig selv* hjælp, mens du endnu formår; du kan da ikke være ligegyldig for dig selv!

Opgiv forfatter-ærgerrigheden! hold dig til filosofien! Altså samme udbrud, som da han i sin 25 års ungdom gav luft for sit etiske gennembrud i brevet til Fronto. Men dengang var der begejstring, nu er der vemod: den gamle Adam klager.

At der menes *egne* forfatterskaber og ikke andres, slutter jeg ikke blot af at der står »dine« (hvilket jo også nok *kunne* betyde at *han ejede* vedk. bøger) men mere af, at glosen for »optegnelser«, er sat i diminutiv, beskedenhedsform, beklagelsesform, »stakkels optegnelser«, hvilket man ikke ret godt kan sige om andres værker, men nok om egne. Også »de gamle romeres og helleneres gerninger« (dvs. historie) er da *egne* planlæggelser eller påbegyndelser, som han aldrig kommer til at »læse« dvs. se for sine øjne i læselig tilstand; at »uddrag af forfatterne« ikke er noget andet, men det selv samme som r. og h.s historie, slutter jeg (trods det »og« der står) af, at en sådan historie nødvendigvis netop måtte blive et »uddrag af forfattere«, så meget mere, som den her stående græske glose for »forfattere« specielt bruges netop om *historie*forfattere. — At skrive historie havde han altså glædet sig til, når han blev gammel. At han allerede i sin ungdom påtænkte at skrive historie, véd vi fra brevvekslingen med Fronto. Det blev altså ikke til noget. Anderledes med »optegnelserne«. Ordet »optegnelse« siger man da ikke om noget der ikke er optegnet, hvorimod man godt kan sige »romernes og hellenernes gerninger« om noget der endnu ikke er skrevet men kun påtænkt. Og efter teksten er det kun r. og h.'s gerninger, *ikke* optegnelserne, som M. havde tænkt at gemme til sin alderdom. Nej, for *de forelå*, disse optegnelser, blot ikke i færdig tilstand, og M. spår, at de aldrig vil blive bragt i færdig tilstand, ja han opfordrer sig selv til at »lade de tomme forhåbninger fare«, blot søge »målet«, »bringe sig selv hjælp«, hvilket er stoisk-tekniske udtryk for at forsage litteratur-ærgerrighed. — Men den gamle Adam har — godt for os — været ham for stærk. Den gamle Adam har hvisket til ham: »Jamen også dine optegnelser er jo da stoisk bringen-hjælp, også Epiktets bøger blev jo udgivet, og er nu højt beundrede.« — Marcus har da stjålet de få fristunder i sin sidste levetid til sin kære beskæftigelse, til nedskrivning af tanker, til litterær efterfølgelse af Epiktet (hvis »Håndbog« jo i formen ligner M.'s eget værk, og hvorom M. selv et sted netop bruger den samme glose »optegnelser«), til forøgelser, berigtigelser, forbedringer, kort: til kunstnerisk færdiggørelse — og *da naturligvis* med tanke på offentliggørelse. For kan en forfatterpersonlighed, og navnlig en moralist, andet end ønske sine tanker til menneskenes forbedring kendt af mennesker?

Men *færdig* blev han altså ikke. Og er det da ikke rimeligt, at de »stakkels optegnelser«, Marcus her taler om, er *selve det nu under navnet »Tanker til sig selv« foreliggende* ufærdige skrift — blot vel på et endnu ufærdigere stadium? Og passer så ikke titlen »Tanker *til sig selv«* dobbelt godt? Resignationens navn på et værk, hvis udgivelse han omsider måtte opgive?

Godt for os, at det alligevel er nået til efterverdenen, om end ufærdigt.

III, 16: DET GODE MENNESKE

Legeme, livsånde, tankekraft — henholdsvis sansninger, drifter, erkendelser. Modtage indtryk *ad sansningens* vej, det kan også dyrene på marken. Være kastebold for *drifterne*, det kender vi fra vilde dyr, fra liderlige mennesker, fra grusomme mennesker, fra en Falaris, fra en Nero. At tage *tanken* til fører — ja men selv tanken kan føre til forkerte forestillinger om det rette: man ser det hos ateisterne, dem der svigter deres fædreland, dem der tillader sig alle afskyeligheder når de har lukket dørene. — Når vi nu ser bort fra de nævnte forkertheder som hæfter ved de nævnte kategorier af væsener, så bliver tilbage hvad der er ejendommeligt for det menneske, som vi vil kalde det *gode* menneske. For det første vil han med kærlig tilfredshed tage imod den lod, den skæbne, som tilskikkes ham. Og den guddoms-ånd, som har bo i hans sjæl, den vil han ikke forurene eller forurolige ved en hob uordentlige fantasibilleder, men med rolig glæde vil han have den for øje, lovlydigt vil han følge Guds veje, hvad han taler skal være sandt, hvad han handler skal være ret. Lad være at alle mennesker ryster på hovedet og tvivler, om nu også hans levned er så oprigtigt, så ærbart, så ligevægtigt — han vil dog ikke derfor gå og blive bitter på nogen, eller lade sig bøje af fra den lige vej til sit rette livsmål; derhen han bør komme ren, rolig og velberedt, idet han tvangfrit har tilpasset sig til sin beskikkede skæbne.

Sammenlign II, 2. Dog er personlighedens tre dele ikke ganske de samme. For den tredje del, som i II, 2 helt var »skabt til at herske«, er det her ikke helt, idet »tanken« godt kan fejle, og kun har herskerret, når den er »god«.

Mærk, at M. nævner Nero som type på nederdrægtighed; denne var jo en af hans kejserlige forgængere, og det for ikke så lang tid tilbage (100 år).

Ateister. Dem, der svigter deres fædreland. Dem, der tillader sig alle afskyeligheder, når de har lukket dørene. Ved alle disse mener Marcus vistnok de kristne. Disse beskyldtes netop for »ateisme« (de fornægtede statens guder), for at modarbejde statens idé (»man skal adlyde Gud mere end mennesker«), for utugt og barne-fortæring ved deres lukkede møder; det passer jo med Marcus' tre anklager her. Som kejser var han dem unådig; han godkendte den noget ældre lov, der fastslog straf over de kristne, som tilstod at være det. Under Marcus blev St. Justinus (martyr) henrettet i Rom, og under samme kejser fandt de store kristenmyrderier sted i Lyon. I nærv. skrift nævner han dem kun én gang med navn (*khristianere*, XI, 3) og da misbilligende. Ligeså nævner Epiktet dem kun én gang, ligeså med hovedrysten (galilæere). — For resten var de kristne allerede dengang udbredt over hele riget, især i underklasserne.

— *Guddoms-ånden* i menneskets sjæl, »daimon« s. o. — *Mennesker, der tvivler om nu også hans levned er så oprigtigt* osv. Hvad Marcus angår, så stemmer alle vidnesbyrd overens om hans fuldkomne redelighed — på nær et enkelt, nemlig hvad hans historieskriver Capitolinus (som ellers er lutter beundring) siger et sted: ... der var folk som »lagde ham til last, at han havde været forstilt og slet ikke så ligefrem som han syntes«.

IV, 3: FRISTEDET

Når folk trænger til ferie, så trækker de sig tilbage: de tager ud på bondelandet eller ned til kysterne eller op i bjergene. Også *du* kender længselen efter sådanne hvilesteder. Men hele den følelse er i grunden en stor fejltagelse, for du *har* jo et sted, hvor du kan trække dig tilbage: du har *dig selv*. Intet tilflugtssted kan give mennesket større fred, til intet kan han lettere komme end til sin egen sjæl, især det menneske, som har det sådan i sin sjæls bo, at han blot behøver at træde der indenfor, så er han straks i læ og alt er godt; og ved at »være i læ« forstår jeg intet andet end at være under naturens gode orden. Så und da dig selv denne gode ferie, gør det tit! Forny dig selv!

Fordringsløst og primitivt skal det liv være, som venter dig der, og se! med det samme er al dit sinds tyngsel som bortskyllet, så at du bliver et fornyet menneske; og når ferien er forbi, kan du uden bitterhed vende tilbage til det liv, hvorhen pligten kalder dig.

For resten — bitterhed? *Hvorover* er du da bitter? Over menneskenes usselhed? Kom da i hu den grundsætning, at vi mennesker, vi fornuftsvæsener, er skabt for hverandres skyld; og det at »holde ud« er en del af vor pligt; og, når folk synder, så gør de det ikke med vilje; og for resten, når de rigtigt har været stygge mod hverandre og skulet og hadet, så bliver de dog til slut færdige med deres skærmydslen, for de *dør*, de bliver til aske — så må *du* da også blive færdig med dem, giv dig da tilfreds!

Men måske er det sådan: du kan ikke forlige dig med verdens gang i det hele? Med skæbnernes fordeling? — Betænk da det gamle kendte alternativ mellem verdensanskuelser; *enten* et forsyn *eller* atomer, andet valg gives ikke; vil du ikke tro på atomer, så må du tro på et forsyn; og, ikke sandt, der er mange beviser for at kosmos er en styrelse, er en analogi til et jordisk lovordnet samfund. Så giv dig tilfreds!

Eller er det måske *det* med dit legeme, som tager på dig? Be-

tænk da, at din *ånd*, når den én gang rigtigt har koncentreret sig
i sig selv og følt sin ret til herredømmet i dig, at den så ikke har
noget at gøre med dit fysiske liv, om dette dit åndedræt går glat
eller tungt; og i øvrigt, betænk alt det du jo har lært og selv bifal-
det, det om smerte og lyst, disse tings interesseløshed — giv dig
da tilfreds!

Eller skulle virkeligt *forfængeligheden* være på spil og nappe i
dig? Din anseelse? Hvad folk siger om dig? Se da hen til, hvor
hurtigt alting bliver glemt; og det svælg af uendelig tid, der ligger
på begge sider af din smule tilværelse; og tomheden i lyden af
ord; og hvor inkompetente bedømmere disse »rosende« folk er,
og hvor lette til at slå om fra ros til dadel; og så snæverheden af
det *rum*, hvor det hele foregår, for hele Jorden er kun en prik i
universet; og af Jorden igen, hvor lille en krog deraf omfatter *vor*
beboelse? Og af den del igen, hvor få bliver det så, og hvad for
personer bliver det så, som overhovedet kommer til at rose os?

Vær du glad for at du har et fristed, det lille feriested du hu-
sker: *dig selv*.

— — — — —

Dér, lige for hånden, når du er trådt over dette hjems tærskel,
skal du finde to trøstende tanker: én, at livets brydsomme sager
ikke har noget at gøre med din sjæl, dit jeg; de står udenfor, og
dér bliver de; bryderierne kommer alene af den vægt, du selv til-
lægger dem. Den anden tanke er, at alt dette som du sanser og
ser, det ændres næsten i samme nu og vil ikke mere være til; hvor
mange tings ændringer har du *selv* ikke allerede oplevet! Altså:
Verdens ting er — omskiftelighed; og ens oplevelser — kun den
mening man har om dem. Husk altid det!

Dette stykke er, hvad sjældnere forekommer hos Marcus, en sammen-
hængende afhandling; slutningen viser kunstnerisk tilbage til begyndelsen.
Tyngsel bortskyllet. Teksten er her usikker.
Menneskene »*er skabt for hverandre*«; fordi de nemlig er samvirkende led
af kosmos, er medlemmer af »den store stat«; et af de smukkeste stoiske dog-
mer. Stoisk er også det *at holde ud* (»udholdenhed og afholdenhed«). Fra

Platon (Sokrates) stammer det ligeledes stoiske, *at når man synder, så er det ikke med vilje* (»al synd beror på uvidenhed«), — i det flg., det med »skærmydslerne«, er teksten usikker.

Alternativet. Ikke ganske, for der var også andre anskuelser om verdens oprindelse, men M. tager de to yderpunkter, det mest åndelige og det mest materielle, atomlæren, nemlig at verdensbygningen er opstået ved tilfældige sammenstød af smålegemer. Denne meget gamle græske verdensanskuelse (fra Leukippos) var optaget af epikuræerne, stoikernes arvefjender, og for få slægtled tilbage var atomlæren hævdet i Rom af den geniale digter Lucretius (hvem romeren Marcus Aurelius aldrig nævner, skønt man af Frontos breve til M. ser, at Lucretius havde hørt til M.'s læsning, og af Fronto blev kaldt »subtil«). Atomlærens modsætning var troen på en personlig gud som eneste forklaring på kosmos' lovbundne orden; denne tro måtte M. altså falde tilbage på. Men nu er der det karakteristiske, at han her ikke siger »Gud«, men et abstrakt ord i hunkøn (ligesom det franske *la providence*, vort intetkøn *forsynet*). Så at han, som de andre stoikere, dog ligesom kan smutte fra den personlige Gud. Overhovedet var stoikerne her, så vel som i spørgsmålet om menneskesjælenes personlige udødelighed, i vildrede både indbyrdes og med sig selv.

Om dit åndedræt går glat eller tungt. M. har måske lidt af åndenød. Han var også ellers tit svagelig, han brugte teriak; i år 175 ventede man hans død. — I det flg. har jeg måttet lade et par linjer uoversatte.

Bryderier osv. kommer alene af den vægt, man selv lægger på tingene. Det er overhovedet ikke tingene selv, der har betydning for os, men kun den mening, vi har om dem. Dette stoiske dogme, som ofte gentages, er ordsprogsagtigt koncentreret i to ord: »Formeningerne [er] alting«. (Ja gid det var så vel, må man rigtignok sige. Alligevel er der, som ofte i de stoiske dogmer, noget styrkende og også *noget* sandt deri.)

AF IV, 21: SJÆLENE EFTER DØDEN

Hvis sjælene vedbliver efter døden, hvordan får luftregionen da plads til dem i ubegrænset tal? — Ja, hvordan får *Jorden* plads til legemerne, som begraves i den i disse umådelige tidsrum?

Jo. Ligesom der med legemerne i jorden, efter en vis tids vedbliven som legeme, sker en forvandling og hensvinden, hvorved der gives plads for andre lig, sådan går det med sjælene, når de hensættes i luftregionen: efter en vis tids sammenhold undergår de forvandling, de hensmelter eller ligesom løses op og tages tilbage i alnaturens skabende urgrund, og på denne måde giver de plads for *de* sjæle, der efter dem bliver at anbringe i det fælles opholdssted. På denne måde kunne man måske give svar på spørgsmålet om sjælens forbliven efter døden.

Man kunne undre sig over at finde en så materiel opfattelse af sjælenes liv efter døden, efter at Platons lære om ideerne og »tankerummet«, det urumlige rum, var kommet ind i bevidsthederne. Men man må huske, at det græske ord (*psykhe*), som man er nødt til her at gengive ved »sjæl«, har — sprogligt — materielt oprindelse (pust, ånde) og beholder denne halv-legemlighed også hos Marcus Aurelius, når han taler om personlighedens tredeling.

Læren om de fire »elementer« (ild, luft, vand, jord), hvoraf alting er dannet og hvortil alting vender tilbage, var allerede da gammel (Empedokles, Heraklit); og da »sjælen« er af luftstof, vil den ved menneskets død med det sidste åndedrag søge op i luften. Imidlertid, når mennesker — i oldtid så vel som nu om stunder — stiller spørgsmål om sjælenes vedbliven efter døden, så mener de bevidsthedens vedbliven, et *jeg's* vedbliven, det er jo *det* som er magtpåliggende. Og når M. ellers skarpt udskiller, fra den halvmaterielle psykhe, et højere, åndeligere selv — under navne som »den tænkende del«, »den til herredømmet bestemte del« o. a. —, så må vi sige, at M., under skin af at besvare spørgsmålet, aldeles har omgået det.

— Udtryk som det, jeg har søgt at oversætte ved »alnaturens skabende urgrund«, er på græsk ligesom på dansk pompøse ord uden klar mening, men i høj kurs hos stoikerne.

IV, 23: TIL KOSMOS

O store alnatur! Alt hvad der er dig velbehageligt, er også tilpas for mig. Intet kommer for tidligt eller for sildigt for mig, som for dig er den rette time. Alt er god høst for mig, hvad *dine* modningstider frembringer, o natur! Fra dig er alt, i dig alt, til dig alt.

Hin athenæer synger: »O Kekrops' stad, mit elskede fædreland!« — *jeg* skulle ikke udbryde: »O Zeus' stad, alverden, mit elskede fædreland!«

En personlig henvendelse altså til kosmos, et skønt udbrud af kærlighed og ydmyghed, som en troendes bekendelse. — Kan man nu tage dette sted, og lignende steder, som bevis for at Marcus Aurelius virkeligt troede på kosmos som på noget personligt, et jeg, der kunne fornemme anråbelsen?

Når vore digtere anråber: O Danmark! O fædreland! Du plet af jord! Du Danmarks flag! O frihed! eller endog (Grundtvig) O kristelighed!, så véd vi dog, at det er abstraktion. Dertil kommer en grænse for kærlighedens væsen: det er let at elske sit hjem, sin by, sin egn, sit land, men at elske alnaturen, alverden, rummet med alt hvad der er deri — er det muligt? Men just dette krævede stoicismen. Den krævede selv-suggestion. Når stoikeren anslår salmetoner som her, så er han vel ikke derfor personlig usand, men han befinder sig dog i det farlige grænseland mellem ægte og uægte, dér hvor selv inderligheden er æstetik.

Fra dig er alt, i dig alt, til dig alt. Sml. Apostl. Gern. 17, 27—8:»Gud er ikke langt borte fra enhver af os, for i ham lever vi og røres vi og er vi.«

Hin athenæer, nml, Aristofanes i en korsang til Athen. *Kekrops* var en athenæisk halvgud. Meningen er: Bør man elske sin stad, sit specielle fædreland, hvor meget mere bør man så elske alverden, alles fælles fædreland, hvor man er verdensborger. Epiktet har et sted: Kynikerens [dvs. den fuldkomne stoikers] stat er ikke Athen eller Korinth, men menneskeheden.

— Beslægtet med bønnen her, og måske forbillede derfor, er de verslinjer af Kleanthes (en af de ældste stoikere), som Epiktet flere steder anbefaler til stadig erindring:

>»O *Zeus!* og du som aldrig bøjes, *skæbnens* mø!
>Før I mig did, hvorhen jeg skal; jeg følger glad,
>og er jeg u-glad — værst for mig! jeg følger *dog.*«

Zeus og skæbnen er her identificerede, og dog to — oven i købet af forskellige køn!

IV, 25: GODT MENNESKE

Prøv engang, hvordan det vil gå, om du nu beslutter at leve livet uden andre regler end denne ene: at være et *godt* menneske. »Godt menneske«, det er du, når du er tilfreds med dine livsvilkår, for de er dig tilskikkede af verdensstyrelsen; og i øvrigt sørger for at dine egne handlinger er rigtige og dit eget sindelag fromt og kærligt.

IV, 26: FORTSÆTTELSE

Har du indset dette? Se så også følgende: Bring ikke dig selv i ulave, bring *enhed* i dig.

En har forsét sig: det er mod *sig*, ikke mod *dig*, han har forsét sig. — Tilstøder dig noget? godt og vel: det er fra verdenshelheden, at dette fra begyndelsen af blev dig tilskikket; alt hvad der sker, er en sammenhængende vævning; i værste tilfælde er det hele jo straks forbi, så kort er livet. Du kan endog vende øjeblikkets smerte til dit *vel* ved klog og rigtig benyttelse ...

Stoiske moralsætninger i knap form. Overensstemmende betragtninger hos Epiktet. Seneca har en hel afhandling: Om sindets ro. *Verdenshelheden*. Ordet »det hele«, atter et ord for kosmos.

IV, 28: »KARAKTERER«

En uhyggelig karakter, en kvindagtig karakter, en tør og hård karakter, vilddyragtig, barnagtig, fæisk, slap, uærlig, snyderisk, prangeragtig, tyrannisk.

Dette ubegribelige — ikke engang i sætninger byggede — lille stykke hensættes her som et slags vidnesbyrd om, hvor uegalt og ufærdigt hele nærv. skrift er — måske også som symptom på at M. kunne være i det sorteste humør. Er stykket en *skildring*, så kan det ikke være af en enkelt person; man kan fx ikke være både vilddyragtig og husdyragtig (for *dette* betyder den græske glose for »fæisk«); er det måske en yderst bitter gennemgang af visse personer i hans omgivelser? Sml. da fx II, 1. — En mildere forklaring: af en øjeblikkelig litterær lyst til at efterligne Theofrasts »Karakterer« har han hensat en række typer som overskrifter til små udarbejdelser — men så hører stykket rigtignok ikke til her.

»En *uhyggelig* karakter«. Teksten har »sort« karakter, men for os ville »sort« omtrent være »satanisk«; den betydning af »sort« er vist fremmed for græsk; i det højeste: »hørende dødsriget til«, altså uhyggelig, eller også blot »utydelig«, ubestemmelig.

AF IV, 32: TÅBER

Tænk for eksempel på *Vespasians* tider; du vil se: alting gik da som nu: man giftede sig, satte børn i verden, blev syg, så døde man. Man sloges, man morede sig, tog på forretningsrejser, pløjede jorden. Man smigrede, pralede, skumlede, satte fælder for hinanden, bad guderne om hinandens død, knurrede over egen skæbne, holdt elskerinder, pugede penge sammen, lagde an på at blive konsuler, blive konger. Nuvel, hele den generation er ikke mere til. — Gå så over til Trajans tid: atter det selv samme med *de* mennesker; og så døde også *de*. — Slå op i historiebøgerne, du vil finde det selv samme med hele folkeslag: slid og slæb, og efter en kort stund — i jorden med dem, opløsning, støvpartikler. — Men navnlig skal du fæste din opmærksomhed på mennesker, som du selv kom til at kende, hvor de opriver sig i jagen efter uvedkommende intetheder, i stedet for at begrænse deres handlinger til det, de er sat til hver efter sine naturanlæg, og så holde urokkeligt fast ved *det* og lade sig nøje med *det* ...

Vespasian, Trajan. Naturligvis vilkårlige tidsangivelser. — Slutningen synes ikke ret at passe til det øvrige stykke.

AF IV, 33: HVAD MAN SKAL LÆGGE VÆGT PÅ

... Og hvad *er* i virkeligheden den såkaldte »evige ihukommelse«? Den rene tomhed. — *Er* der da slet ikke noget man skal lægge vægt på og arbejde i? Jo; dette: at ens bedømmelse af tingene er rigtig, ens handlinger almennyttige, ens tale fjern fra hver skygge af uærlighed. Og et sindelag som kan byde velkommen til enhver tilskikkelse. Velkommen! fordi den *skulle* komme; velkommen! fordi den ikke er mig fremmed, men rundet af samme urgrund og kilde, hvorfra også jeg selv er.

Ens handlinger almennyttige. Den græske glose for dette ord (ordret: »fælles-agtige«) har hos stoikerne *tillige* en dybere betydning end det noget nøgterne »almennyttige« (= »det til borgerheld sigtende«). Tillige ligger deri den idelige, men uklare, stoiske fordring om at »være i overensstemmelse med alnaturen«. — Denne (alnaturen) er også »urgrunden og kilden, hvorfra jeg selv er«, dvs.: Jeg er selv, ligesom tilskikkelserne, en del af kosmos.

IV, 34: FRIVILLIG!

Frivillig skal du overgive dig til *Klotho*! Overlad hende at væve
dit livs spind og at bruge dertil de skæbnetråde hun vil.

Klotho, en af grækernes skæbnegudinder. Hendes navn betyder: »spinder-
sken«.

IV, 40: KOSMOS

Når du tænker dig kosmos, så må du altid forestille dig det som
en enhed, en levende enhed, der i sig har en fælles væren og en
fælles sjæl; og hvordan alle ting i verden er genstand for en fælles
fornemmelse, kosmos' nemlig; og hvordan det er kosmos som la-
der ske alt hvad der sker, så at sige ved en fælles-impuls. Og hvor-
dan alt hvad der er *til*, har sin medvirkende andel i alt hvad som
sker; og det hele er som en sammenfletning og sammensvejsning.

Dette er den stoiske verdensanskuelse, udtrykt i grandiose om end tågede ord.
— Her er kosmos tillige nærmest ved at være en personlighed, et *jeg*. Og dog
er de tilsvarende græske gloser mere tågede og tvetydende end dem, hvormed
jeg har været nødt til at oversætte dem.

IV, 43: TIDENS STRØM

Tiden er begivenhedernes flod, en rivende strøm: aldrig så snart
er en oplevelse kommet til syne, før den med det samme er dra-
get forbi og en anden er fremme blot for at føres bort.

IV, 47: IKKE STOR FORSKEL

Hvis en gud sagde til dig: »I morgen skal du dø, eller i hvert fald
i overmorgen«, så ville du ikke gøre videre meget ud af, om det
blev i overmorgen i stedet for i morgen; du måtte da være en jam-
merlig karl, for det er jo ingen forskel at tale om. I virkeligheden
er der heller ikke stor forskel på »i morgen« og »om så og så
mange år«; — så *regn* det da heller ikke for så vigtigt!

AF IV, 48: HOVEDSAGEN

... Hovedsagen er at se med de rette øjne på menneskelivet: det varer en dag, og det betyder så lidt. I går: lidt snue, i morgen: et kadaver eller en lille askedynge. Det vigtigste er at komme igennem dette minimum af tid med *naturen* som vejleder, og tage afsked med glad ro. Lign olivenfrugten: når den er moden, så falder den til jorden — ligesom med et kærligt farvel til det træ der bar den, og med en stille tak til den der skabte den selv.

Med naturen som vejleder. Derved mener stoikerné ikke blot (skønt *også* det) hvad vi kalder: føre et naturligt, ukunstlet, nøjsomt liv, men de mener hele den — halvt mystiske — hengivelse — til kosmos, hvorom så mange steder handler. Billedet i de sidste par linjer er smukt, men teksten ikke ganske sikker.

IV, 49: KLIPPEN I HAVET

Du skal ligne klippen i havet. Bølge på bølge slår imod den, men den står fast, og de skummende vande lægger sig ved dens fod. »Jeg er ulykkelig, fordi det eller det hændte mig.« Tværtimod, sig: »Jeg er lykkelig, fordi jeg, *skønt* dette hændte mig, dog forbliver uden græmmelse, hverken brudt sammen under det nærværende eller ræd for det tilkommende.« Sådan hændelse kunne komme over enhver, men ikke enhver kunne have taget det uden klage. Hvorfor *er* overhovedet det ene mere »ulykke«, det andet mere »lykke«? Kan noget overhovedet kaldes en »ulykke« for nogen, når det ikke er en forfejlen af dette menneskes naturbestemmelse? Og synes noget dig en forfejlen af menneskets naturbestemmelse, når det ikke går mod selve hans naturbestemmelses vilje? Og hvad der er dens vilje, det ved du jo: Vær retfærdig, højsindet, mådeholden, fornuftig, ikke overilet, sandhedskærlig, sædelig, fri i din vilje, og hvad andet der hører til menneskets bestemmelse og vidner, at dets natur er som den skal være — har vedkommende hændelse virkelig på nogen måde kunnet hindre dig i *det*?

Gør dig dette til regel: ved alt hvad der kunne friste dig til sorg og smerte, *sig*: Dette er ikke ulykke; men at bære det smukt — *det* er lykke!

Menneskets naturlige bestemmelse eller dets »overensstemmelse med naturen« (kosmos) er at være »god«, være fuldkommen, som kosmos er det. — Naturbestemmelsen (kosmos) tillægges her endog »vilje«, hvilket ord dog, sammenholdt med andre udtryk om kosmos, ikke behøver at betyde andet end »nødvendighed« eller »naturlov«. — At bære sorg og smerter på en ædel måde er hyppigt genstand for meget smukke betragtninger hos stoikerne: hos Cicero (som i sine skrifter ofte er stoiker), hos Seneca (som i sine skrifter altid er det), hos Epiktet. Seneca siger i 96. epistel: »Du er misfornøjet, du klager, og du begriber ikke at der i disse ting er intet ondt uden netop dette, at du er misfornøjet og klager.« (Seneca elsker i sin stil pointen, han bruger den som *sortie*; Marcus Aurelius pointerer også, ikke så elegant som Seneca, men måske nok så troende,)

V, 1: DIN MENNESKEGERNING

Du vågner om morgenen, du er ugidelig, vil nødig stå op; hav så den tanke rede: Jamen det er jo til min menneskegerning jeg vågner! Kan jeg så være gnaven, når jeg skal tage fat netop på det, for hvis skyld jeg blev født, og som var hensigten med min kommen til verden? Eller blev jeg skabt med det formål at jeg kan ligge i min søde seng og varme mig? — »Jamen det er dog så rart.« — Nå så du blev født til det at »have det rart« og aldeles ikke til gerning og virksomhed? Ser du ikke de små væsener, spurve, myrer, edderkopper, bier, de udretter noget, de bygger på deres lille del af kosmos; *du* derimod, du vil ikke tage *din* del af arbejdet, din del som *menneske*? Du burde løbe, du burde ile til den gerning, naturen har tildelt dig! — »Jamen man må dog også hvile.« — Det mener også jeg; dog har naturen sat grænser også for denne her hvilen. Den har også sat grænser for spisning og drikning, og alligevel, *dér* overdriver du og går videre end til det som er nok; men så snart det gælder virksomhed, pligter — *dér* sporer man just ikke nogen overdrivelse, *dér* hedder det altid: »Jamen kære, inden for mulighedens grænser« —

Min ven, du holder ikke af *dig selv*, mærker jeg. Forstå mig, det er dit egentlige jeg, du ikke holder af, det jeg som er alnaturen i dit indre. For så ville du høre dens røst og elske dens krav. Andre mennesker ser du elske deres fag og gå helt op deri: før de får vasket sig og før de får spist morgenmad, er de ved deres arbejde, men du — din egen bestemmelse, den naturen har sat dig til, den respekterer du mindre end fx guldsmeden sine graveringer, dansemesteren sine taktsving, pengepugeren sin bankkonto eller modenarren hvad folk siger om ham. Og disse, når de rigtig er optaget, så vil de hverken spise eller sove, men bare klemme på, for at bunken kan blive større af det, de nu interesserer sig for, — men *din* virksomhed, som går ud på *det heles* vel, den regner du altså for at være mere ligegyldig og mindre interesse værd?

Vil nødig stå op. Vi véd fra Marcus' egen korrespondance med Fronto, at dette kunne passe på ham selv. — *Alnaturen i dit indre, dit egentlige jeg,* er den ofte omtalte del af sjælen, som »bør herske«, også kaldet »den tænkende del« o. l., også med navnet daimon, din indre guddom, udsprunget fra selve kosmos. — *Din virksomhed som går ud på det heles vel,* nemlig kejserpligterne. Men det græske adjektiv som her er oversat ved »som går ud på det heles vel« — ganske ordret: »fælles-agtige« — bruger stoikeren også overhovedet om *hvert* menneskes pligter, at man skal være i samklang med helheden, med alnaturen, hvorfor jeg andetsteds har oversat ordet på andre måder, fx ved »u-egoistiske«.

Skønt M.'s bog hedder tanker til sig *selv*, må man ikke tro, at hans »du« eller »jeg« altid går på ham selv.

V, 5: KARAKTEREN KAN OPØVES

Den bitterhed hos dig, den *kan* folk ikke synes om. — »Jamen sådan er nu min natur.« — Nå så det er den, ja så.

Men der er også meget andet at bemærke ved dig, hvor du *ikke* kan sige: sådan er nu min natur. Frem altså med egenskaber, som du selv helt er herre over; præstér *dem*! Oprigtig, det *kan* du da være, og værdig, og udholdende, og ikke nydelessyg, ikke fordringsfuld, men nøjsom, velvillig, gavmild, ligefrem, fri for vrøvl og for storagtighed? Dér ser du, det er allerede ikke så lidt, alt

det *kan* du præstere, dér har du ingen undskyldning med »din
naturs uegnethed« — og alligevel forbliver du med vilje på det
lavere moraltrin? Eller er der måske også, formedelst »mangler-
ne ved den natur du er skabt med«, tvang over dig, så du er nødt
til at smågnave eller være påståelig eller være sortseer og anklage
det stakkels menneskelegeme og behage dig selv med filosofisk
vindmageri? Gå omkring med alt det sure gærstof i din sjæl? Er
du nødt til *det*?

Ved guderne, nej! alt det kunne du for længst være blevet af
med! — kun at du, måske, ville befindes at være noget langsom
af dig, og ikke altid lydig nok — nu, også *den* fejl kan man øve sig
bort fra, når man ikke selv er ligegyldig derved, og navnlig ikke
finder fornøjelse i sin egen træghed!

»*Bitterheden*«, nemlig skarpheden i moralske domme, er noget af det hyp-
pigst forekommende hos Marcus Aurelius i nærv. skrift. — »*Sådan er nu min
natur*«, denne oversættelse er fremkommet ved en lille tekstrettelse på to
bogstaver (i stedet for noget ganske meningsløst); og i oversættelsen har jeg
tilladt mig at fordoble udtrykket, først så kommer (i dansk) meningen frem.
— *Som du selv er herre over.* Alle ting er efter stoikerens lære to slags: de som
står i ens magt, og de som ikke gør det. — Man forstår, at den nu følgende
række gode egenskaber er noget, som M. nok tør tilkende sig selv — og de
samme har eftermælet rundeligt tilkendt ham. »Bitterheden« vil han lige-
som ikke lade sig fravriste, det kan han heller ikke, og han har nok selv syntes
om den! — »*Fri for storagtighed*« er efter en god ældre konjektur (et enkelt
bogstavs tilføjelse), for denne første række egenskaber skal alle være gode. —
Den næste række egenskaber, alle uheldige, dem synes M. *også* at have tilkendt
sig, i alt fald at han har tilbøjelighed til dem; han viser derved selvkritik — vi
har før mødt det træk hos ham.
    Være sortseer. Teksten har »smigre« eller »være snyltegæst«, hvilket jo
mindst af alt passer på Marcus; men ved ændring af et bogstav (ko*r*akeuein
i stedet for ko*l*akeuein) får man »være ravn«, altså måske »profetere som
ravn«, »varsle ilde«, »være sortseer«, hvilket sidste fuldkomment passer
med bitterheden. (Mod denne konjektur er fra lærd side indvendt, at kun ro-
merne, næppe grækerne, anså ravnen for varselfugl. Men Marcus Aurelius var
jo romer! Desuden falder indvendingen ganske, ved at også *Epiktet* (Håndbo-
gen kap. 18) nævner ravneskrig som ilde varsel. — Alligevel, min formodning
skal ikke urgeres).
    Ikke være lydig nok, nemlig mod din daimon, dit bedre jeg.

AF V, 6: VELGERNINGER

En er sådan, at når han har gjort en anden noget godt, så griber han øjeblikkelig sin pen og skriver det på regning som velgerning. En anden er vel ikke *så* prompt, men tænker dog på sig selv som på en kreditor og véd rigtig godt hvad han har gjort. En tredje derimod véd ikke engang — på en vis måde — hvad han har gjort, men ligner en vinstok der bærer druer, og når vinstokken har gjort det, så spekulerer den ikke på løn for at have frembragt den frugt, det var dens gerning at frembringe.

Hver har sin gerning: hesten er til for at løbe, hunden for at opspore, bien for at lave honning, mennesket for at gøre vel — ingen af dem råber op bagefter: nu har jeg løbet, nu har jeg sporet op, nu har jeg lavet honning, nu har jeg gjort vel imod et menneske; men hver går over til sin næste gerning — ligesom vinstokken til atter at bære druer i rette tid.

Allerede Seneca siger et sted: »Den som har gjort en velgerning, må glemme den«, men forklarer: »han må *ligne*, at han har glemt den«.

— (I tekstens anordning mod slutningen har jeg fulgt Wilamowitz-Moellendorff, om end med tvivl.)

AF V, 8: TILSKIKKELSER

Når en er syg, så *anordner* lægen — man bruger det ord — han anordner fx at man skal ride, eller tage kolde bade, eller gå barfodet eller hvad det nu kan være. Akkurat på samme måde er det en *anordning* af alnaturen, når den tilskikker en en legemsbeskadigelse eller tab af noget kært eller hvad det nu kan være. I første tilfælde tilvejebringes en tilnærmelse til den legemlige sundhed, men i andet tilfælde tilvejebringes ved tilskikkelsen en overensstemmelse med selve verdensordningen

— — —

Meget af hvad lægen foreskriver, smager jo dårligt, men vi må tage det og sige tak til, fordi vi håber det er godt for vor sundhed.

På samme måde må du se på tilskikkelsen: som en iværksættelse og fuldbyrdelse af hvad alnaturen har fundet formålstjenligt — ligesom før med lægen og din egen sundhed. Sådan skal du også modtage alt hvad der sker, om det end forekommer dig bittert nok — fordi det, efter en højere forståelse, henhører til alnaturens sundhed (om man kan bruge dette ord), og ligesom baner vejen for Zeus' fuldkomne lykke i sin gerning; for han ville ikke ramme nogen enkelt med dette uden for at ramme *det heles* tarv

— — — —

Hvis du derfor løsbryder nok så lille en enkelthed fra det fælles sammenhold og sammenføjning — enten det nu er en konkret del, eller det er en årsagsforbindelse du bryder —, så lemlæstes helheden. Og løsbryde gør du, så vidt det står til *dig*, ved dit blotte mishag; det er oprør du gør; det er så at sige et attentat på kosmos.

Dette, at man med sindets ligevægt bør tage imod alle tilskikkelser, er en af stoikernes ædleste ytringer. Men også *begrundelsen* heraf går igennem hele stoicismen lige fra dens stiftelse, således allerede hos *Kleanthes*, se det lille vers side 65. Akkurat det samme siger M. her, og ved tilskikkelser der skal bæres, endog med tak, mener og siger han: *smertebringende* tilskikkelser. Dette lader sig høre, og også gøre — dog at der til *takken* vist hører en bedre begrundelse end den stoiske. — Men, efter selve den stoiske begrundelse, nemlig at alle kosmos' virkninger er af det gode, følger med ubøjelig logik, at ikke blot smertebringende, men overhovedet *alle* tilskikkelser dvs. alt hvad der sker, også *det* er af det gode og skal modtages med tak. Dette lader sig hverken høre eller gøre, for konsekvensen er, at man aldrig må modsætte sig noget som helst og overhovedet aldrig selv foretage sig noget positivt, for dette er at gribe ind i kosmos' gang. Kejser Marcus Aurelius, hvis liv var uafladelig virksomhed, var altså den bedste kejser, men den dårligste logiker. Bedre logiker var Epiktet, som siger: »Du bør ikke ville, at det som sker, skal ske som du vil; men du bør ville, at det sker som det sker«; men Epiktet var heller ikke kejser, så han havde lov til at være logisk, det havde kejseren ikke.
— *anordner lægen.* Teksten har »Asklepios« (lægeguden). — *I første tilfælde* osv. Dette sted er særdeles frit oversat, men jeg tror netop derved at have truffet meningen. — *Zeus.* Dette mytologiske navn bringes lidt overraskende ind i stedet for alnaturen. Forfatteren har nemlig her for sin bevisførelses skyld trængt til noget personligt, noget, om hvilket der kunne bruges ordet

»lykke«. *Zeus' lykke i sin gerning.* Med valget af vedk. græske ord, ευπραγια har forf. været såre heldig: dets gældende betydning er passivisk: »velbefindende«, »at have det godt« — hvorved han opnår analogien med lægen og »sundheden« ovenfor; men i samme ords oprindelse og lyd høres noget aktivisk, noget med »gerning« — hvilket forf. *også* har brug for — så heldig kan ingen oversætter være. (Morsomt, at Xenofon et sted (Mem. III, 9, 14) lader Sokrates bruge det samme ord med samme listige dobbeltvirkning.)

V, 11: NETOP N U?

Hvordan har jeg det egentlig med min sjæl — *nu*, netop nu?

Det spørgsmål skal man ved enhver lejlighed stille sig selv, og nøje prøve, hvad der netop i øjeblikket rører sig i den del af jeg'et, som jo da kaldes »den til herredømmet berettigede del«; hvad for en sjæl er det netop nu? *hvis* sjæl? Dog vel ikke en drengs? en grønskollings? en gammel kællings? — Dog vel ikke en tyrans? eller et kvægs? et rovdyrs?

Her er »sjæl« (psykhe) identificeret med »den herskende del«. — *Dog vel ikke en tyrans?* sml. VI, 30: »Lad der ikke *gå kejser* i dig«.

AF V, 13: UENDELIGE PERSPEKTIVER

Jeg består af en årsagende kraft og af en materiel substans. Ingen af de to vil forsvinde til et intet, ligesom ingen af dem opstod af et intet: enhver del af mig vil ved forvandling blive anbragt som en del af kosmos, og *den* del igen blive forvandlet til en anden del af kosmos, og således i uendelighed. — Ligeså *opstod* mit jeg ved forvandling, det gjorde mine forældres med, og så videre — vi kommer baglæns til en anden uendelighed.

Personlighedens dele er her to, ovenfor var det tre, undertiden fire. Der kan ikke bringes system heri. — »*Årsagende kraft*« (en ret heldig oversættelse af Bastholm) er her ingenlunde identisk med »sjælen«, men med »den herskende del« af sjælen. — »Sjælen« så vi ovenfor (IV, 21), som beslægtet med luften, at få plads efter døden i luftregionen. (Andetsteds får sjælen, som af *ild*natur, plads i ildregionen.)

AF V, 16: DIN SJÆL TAGER FARVE AF DINE TANKER

Sådanne tanker som du oftest har, sådan vil din tænke*måde* blive. For sjælen tager farve af de tanker, hvormed den overskylles.

V, 17: FORLANG IKKE UMULIGHEDER

At forlange umuligheder er vanvid. Og en umulighed er det, at dårlige mennesker ikke skulle begå dårlige handlinger.

Når M. er bitter, er han det til gavns — som fx i næste stykke. Når han er optimist, er det fordi hans system kræver det, han *vil* være optimist.

V, 18: SLEMT NOK!

»Der kan ikke vederfares en noget, som han ikke af naturen har kraft til at bære.«

[Meget sandt. Men nu ser vi alligevel, at en vismand kan bukke under, hvorimod] en anden en, når det samme vederfares ham, så står han sig bravt og forbliver ganske uberørt, enten fordi han som dumrian ikke fatter sagen, eller fordi han som pralhans vil udstille sin sjælestorhed. — Slemt nok, at dumhed og snobberi er stærkere end visdom!

Måske et bestemt tilfælde har givet anledning til dette. — (Den i klammer satte linje er i dansk tilføjet som nødvendig for forståelsen; i græsk har den altså til nød kunnet undværes.)

V, 24: EN TRØST

Tænk på hele universet — og den lille bitte del deraf, som er din. Tænk på alle tiders evighed — og det korte forsvindende stykke tid, som blev dig tilmålt. Tænk på alverdens uhyre skæbne — og så på din lille private skæbnes lod.

Det er mindre som ydmyghedsbekendelse end som trøst, at M. jævnligt bruger lignende tanker; det ser man mange steder i bogen. Han er ikke lykkelig ved sin stilling, sine pligter, sine omgivelser; men som stoiker *bør* han jo være lykkelig derved — — især da det hele jo er så grænseløst ubetydeligt, og snart forbi!

V, 27: RET DIG EFTER DIN DAIMON

»Lev dit liv sammen med guderne«. *Den* lever sammen med guderne, som stadigt viser dem sin sjæl, at den er tilfreds med sin beskikkede lod, og at den udretter alt det, som daimonen vil, den genius som Zeus har givet enhver til herre og leder, en fraskilt del af ham selv. Denne daimon er intet andet end tanken og fornuften i hvert menneskes sjæl.

Om denne daimon (genius, guddomsbilledet) taler M. bestandigt, og såre smukt. Den ligner meget mere vor »samvittighed« end Sokrates' »daimonion« gør det. På sine steder synes M. at opfatte den som en person, et »jeg« for sig selv, men *her* ikke. Så er vel heller ikke »Zeus« (kosmos) og »guderne« *her* andet end højtidelig abstraktion. Andetsteds anderledes. I stoicismens teologi må der nødvendigvis være megen tåge og skiften; M. selv (i et tidligere stykke, V, 10, som jeg ellers ikke formåede at oversætte til min tilfredshed) siger helt fortvivlet, at han ikke er sikker på sit eget filosofiske system; for »for selve stoikerne ser tingene ubegribelige ud, og hvor er den mand som ikke kan skifte mening?« — Det er heller ikke for systemets skyld, vi holder af Marcus.

V, 30: KOSMOS

Alnaturens tanke er samfundsordnende. Således har den frembragt laverestående væsener for de højerestståendes skyld; og de højerestående har den sammenknyttet med hverandre. Den har *under*ordnet, den har *sammen*ordnet, den har tildelt hver sit efter hvers værdi, og de ypperste skabninger har den ført sammen med formålet: indbyrdes samdrægtighed.

Dette er korrekt stoicisme. Andetsteds ser M. i menneskenes færd idel usamdrægtighed, fx IV, 32; og at man selv må se at »holde sig menneskene fra livet«, V, 33. Men teoretisk skal man elske dem; og gøre dem *vel*, skal man i det praktiske.

AF V, 31: HVORDAN HAR DU DET MED DINE OMGIVELSER?

Hvordan har du indtil denne dag opført dig over for guderne,
over for dine forældre, brødre, din hustru, dine børn, dine lærere,
opdragere, venner, pårørende, tyende? Gælder om dig til denne
dag, hvad der står om Odysseus:
»Hverken i ord eller gerning han nogen mand har fornær-
met«?

Således taler Penelope om sin mand (Odyss. IV, 690). — Til denne smuk-
ke selvprøvelse svarer ikke den her udeladte slutning af stykket, der synes mig
fuld af skjult bitterhed, og hvis sidste ord er: ... (og husk,) »mod hvor man-
ge hensynsløse mennesker *du* var hensynsfuld«. Jeg har ikke turdet medta-
ge slutningen i oversættelsen, fordi jeg ikke ville gøre M. uret, hvis jeg måske
fejlagtig har anset for bitterhed, hvad der ikke var været ment sådan — så
tvetydig forekommer teksten mig. Gamle Bastholm har fået lutter ædelhed
ud af den.

V, 33: LIVET ER IKKE MEGET VÆRD

Om et øjeblik så er du aske, eller skelet; et navn eller ikke engang
det, og et navn er en lyd og en genlyd. Hvad der i livet havde høj
interesse, var i virkeligheden hulhed, hensmuldren og småtterier;
alarm af hunde der bides, drengebørn der skændes, først ler de og
så tuder de straks efter. Ære og respekt og sandhed og retfærd —

»de fløj til himmelen op, langt bort fra menneskers bolig«.

Hvad er det da egentlig, som endnu holder en fast her? Når
både det vi sanser, skifter som blændværk og ikke har bestand; og
det vi sanser *med*, er svage redskaber og let giver falske indtryk;
og selve vor smule sjæl jo kun er opdunstning fra blodet; og det
at nyde »anseelse« hos sådanne medskabninger er humbug —
hvorfor imødeser du da ikke med glad sindsro din forestående
tilintetgørelse, eller måske omdannelse? Men i mellemtiden,
indtil afslutningens stund kommer, hvad giver kræfter til at hol-

de livet ud? Ja — hvad andet end: ære og prise guderne, gøre vel mod mennesker, men ellers »holde dem ud og holde dem fra livet«? Og husk, at alt hvad der ligger uden for området af din egen person — denne smule kød og denne smule ånd —, det er ikke *dit*, det har du intet ansvar for.

Dette er da bitterhed, så det kan forslå! — Verset er et citat fra den gamle digter Hesiodos, hvor på grund af menneskenes ondskab i »jernalderen« *ære* og *retfærd*, hyllede i hvide gevandter, flyr op til Olympen forladende Jorden. — *Vor smule sjæl.* Sjælen (psykhe) er atter her noget materielt. — *Sådanne skabninger*, nemlig som vi alle er, således som nu beskrevet, lutter stakler. Men, med adskillige andre stykker for øje, navnlig v, 10, hvor M. omtaler sine »medlevendes« moral yderst nedsættende, nærer jeg mistanke om, at M. i sit »sådanne« tillige vil have lagt en gestus udad mod sine medlevende: »Folk af den kaliber som jeg skal leve iblandt.« Denne opfattelse bestyrkes af udtrykket »holde dem ud« osv. — *Tilintetgørelse eller omdannelse.* Stoikerne er uvisse om det personlige *jeg's* fortsættelse efter døden, men holder ellers ikke af at tilstå uvisheden, skjuler den hellere under højtidelig tåge (»alnaturens urgrund« e. l.); *her* er dog klar tilståelse. — I det næste afviger jeg lidt fra udgivernes tegnsætning og optager en ubetydelig (ét bogstav), men meningsgivende konjektur af en ældre filolog.

Holde dem [menneskene] *ud og holde dem fra livet.* Ja sådan står der, hvor skrapt det end er. Wilamowitz-Moellendorff har i sit udvalg (i Griechisches Lesebuch) strøget ordet »dem«, hvorved han har strøget skrapheden og fremstillet Epiktets leveregel i sin almindelighed: »vise udholdenhed og afholdenhed«. Dette er meget kønt af W., men Marcus har netop, ved at tilføje sit »dem« som en pointe, bevidst og med retorisk duelighed — han var jo, trods alt, Frontos discipel — givet luft for sin skarpe bitterhed.

Stykkets sidste sætninger er stoisk katekismus, for den mangler begrebet kærlighed; og hvorledes kan noget godt menneske, endsige en god regent, handle derefter? Det gjorde Marcus da heller ikke, tværtimod.

VI, 12: STEDMODER OG MODER

Hvis du havde din stedmoder og din rigtige moder begge i live, så ville du vel yde den første al respekt og hensyn, men alligevel, hos din moder ville du dog altid have dit egentlige tilhold. Nu er du stillet på samme måde mellem dette kejserhof og så din filosofi hjemme. Gå da hjem så tit du kan og tag din hvile hos *den*!

Det er jo alligevel véd *den*, at du synes du kan holde det andet ud — og de andre holde *dig* ud.

M.'s stedmoder (og tillige faster) var Faustina (den Ældre), gift med M.'s adoptivfader Antoninus Pius; hun døde da M. var en snes år gammel; kan man tro historikeren Capitolinus, og nogle spydigheder i kejser Julians skrift »Kronosfesten«, var hendes rygte ikke det bedste. (Kirken S. Lorenzo ved Forum i Rom er en del af det store tempel, hendes mand rejste til hendes ære.) — M.'s moder *Domitia* døde da M. var nogle og tredive år gammel, før han blev kejser år 161. Han siger om hende I, 3, at hun har lært ham »at ære guderne, at være gavmild, at afholde sig fra alt ondt, også blot i tanken; at leve naturligt og tarveligt og langt fra rigmandsvæsen«. — Stykket er kønt og fint, det kan sammenstilles med IV, 3, det om hans kære »ferieophold« borte fra offentligheden og hjemme »hos sin egen sjæl«.
Din filosofi hjemme, måske netop sysselsættelsen med nærværende arbejde.

VI, 18: FORFÆNGELIGHED

Hvordan er det dog de bærer sig ad! Mennesker der er samtidige med dem og lever iblandt dem, *dem* vil de ikke prise og ære, ingenlunde. Men *selv* lægger de den største vægt på at blive prist og æret, og det af kommende tiders mennesker, som de hverken nogen sinde har set eller vil få at se! Det er jo næsten lige så stor galskab som om du ville græmme dig over, at ikke også *forfædre*-ne holdt lovtaler over dig!

Måske sigtes her til noget bestemt, fx at man i senatet har været træg til at tilstå æres-statue til folk i levende live, for hvem M. androg derom?

VI, 19: DET MÅ JEG DA OGSÅ KUNNE

Når noget er svært for dig selv at overkomme, så tænk ikke: »dette er umuligt for et menneske!« Men derimod, når du ser, at noget er muligt og går let for et andet menneske, så tænk: »det må *jeg* da også kunne præstere.«

VI, 20: MANGE TING MÅ MAN LADE PASSERE

Under gymnastikøvelserne kan en komme til at kradse dig med neglene, eller han kan ved et fremstød give dig en bule i panden. Men derfor noterer man det ikke op, man tager ikke forargelse derover eller går siden og skuler til ham som om han var ens avindsmand; højst viser vi for fremtiden en vis forsigtighed over for den mand, ikke som en fjende eller med ond mistanke, man går bare af vejen for ham i al høflighed. — Anvend dette også i livets andre forhold. Mange ting må man lade passere uænsede, man må se de folk an som ubehændige gymnastikere. Man kan, som jeg siger, gå af vejen for dem, men skumle over dem og lægge sig ud med dem — det behøves ikke.

VI, 21: HVIS —— —

Hvis en kan gendrive mig og få mig til at se, at en mening eller en handling af mig er urigtig, så skal jeg slå om, og det med glæde. For det er sandheden jeg søger, og af den har ingen nogen sinde taget skade. Men *den* tager skade, som bliver stående i sit selvbedrag og uforstand.

VI, 24: ALEXANDER DEN STORE OG HANS STALDKARL

Alexander den store og hans staldkarl, de døde begge og kom samme steds hen: enten de nu blev optaget til det sted i kosmos, hvor fornuftsvæsenernes urspirer har hjemme, eller de blev splittet ad til atomer — *ens* fik de det.

»Fornuftsvæsenernes urspirer« har jeg tænkt som en rimelig oversættelse af et meget dunkelt og meget diskuteret græsk udtryk. M. synes deri at have set en slags ånds-atomer i modsætning til epikuræernes materielle atomer.

VI, 26: ET AD GANGEN

Hvis nogen kommer til dig med det spørgsmål: hvordan staves navnet Antoninos? — Ikke sandt, så vil du give ham, i orden og distinkt, hvert bogstav, et ad gangen. Om nu vedkommende er utålmodig og vred, bliver du derfor selv utålmodig og vred? Nej, du vil ganske fredeligt og metodisk vedblive at tælle op, bogstav efter bogstav. — Anvend dette på pligterne i dit liv her. Enhver pligthandling må udføres i enkeltheder, punkt for punkt, som i en slags stavning eller optælling; denne fremgangsmåde må du overholde og ikke lade dig forstyrre. Bliver folk gnavne, så må du ikke gengælde med gnaveri, men blot metodisk fortsætte og fuldende den foreliggende pligt.

VI, 28: DET HOLDER OP

Døden. Endelig holder de op, disse stempelslag af vore sanseindtryk, dette marionetspil vore lidenskaber driver med os, disse vor tænknings strenge dagsmarcher, hele dette vort hoveri under kødet — *det holder op,* endelig!

VI, 30: VÆR ANTONINUS' DISCIPEL!

Pas på at der ikke »går kejser i dig«; purpurfarven smitter; jo det hænder!

Bevar da dig selv naturlig, god, uden falskhed, værdig men fri for pral, ven af retfærdighed, ærende guderne, velsindet, ja kærlig, stærk til al god gerning. Kæmp for at du kan vedblive at være sådan som filosofien ville gøre dig: over for guderne ydmyg, over for menneskene velgørende. Din livstid er så kort, kun én gang høstes der af menneskelivet her på Jorden, afgrøden er: et fromt sindelag og uegoistiske handlinger.

I alting være du en discipel af *Antoninus.* Hans taktfulde optræden ved mundtlige forhandlinger, hans sinds ligevægt ved alle lejligheder, dette gode og rolige ansigtsudtryk, dette elskværdige

væsen, dog ganske blottet for at ville tage sig ud. Denne ivrighed
når det gjaldt at sætte sig ind i en sag, og hvordan han så aldrig
slap den ud af hænde uden efter fuld indsigt og klar gennem-
tænkning. Og som han kunne tåle ubillig dadel uden at give svar
på tiltale! Og som han aldrig forhastede sig med noget! Og al-
drig lyttede til bagvaskelser! O hvor var han en grundig bedøm-
mer af menneskers karakter og handlinger, men slet ikke derfor
straks parat til at skænde eller gøre en myg til en elefant eller tro
det værste eller kløve hår. Og hvor kunne han nøjes med lidt!
De værelser han havde, det sengeleje, klædedragt, måltider, be-
tjening! Og hvor arbejdskær, hvor udholdende; han kunne *blive*
ved det han var ved, lige til aften — ja bogstaveligt, for ved sit
mådehold i føde følte han ingen utidig trang på naturens vegne,
men havde dertil en bestemt tid. — Og hvor pålidelig i venskab,
aldrig lunefuld. Og så kunne han tåle at man frimodigt trådte op
imod hans meninger, ja han glædede sig når en kunne vise ham
noget bedre. — Hans gudsdyrkelse var ægte, og uden uromersk
tilsætning.

Ja kunne jeg, når min sidste stund nærmer sig, lukke mine
øjne med så god samvittighed som han har haft!

Dette eftermæle, og det lignende I, 16, har altså en kejser sat sin forgænger, en
søn sin adoptivfader. Det smukkeste derved er dog det, at hans eget eftermæle
i historien har samme skønne klang.

Uegoistiske handlinger, tekstens ord for »uegoistisk« er egentlig uover-
sætteligt. For det er stoisk fag-ord, som foruden det uselviske over for andre
mennesker tillige betegner den villige underkastelse under verdensordningen
kosmos, og alt hvad deraf følger i stoisk konsekvens. — Antoninus' *gode og ro-
lige ansigtsudtryk.* Om Marcus fortæller historikeren Capitolinus, at han [som
stoiker] aldrig skiftede ansigtsudtryk hverken i sorg eller glæde. — *Antoninus
tålte dadel.* Man kunne undre sig over, at det romerske riges kejser overhove-
det kunne komme ud for personlig dadel. Det kunne han meget godt: i senatet
betragtedes han, efter den gamle forfatning, som teoretisk aldrig var omstødt,
kun som *primus inter pares.* Og særlig havde Antoninus Pius, og endnu mere
selve Marcus Aurelius, lagt vægt på senatets og senatorernes uafhængighed.
— *Ægte gudsdyrkelse uden uromersk tilsætning* vil kun sige: statsreligionens
rigtige udøvelse (de rigtige ofringer, bønner, ceremonier) uden hang til noget

uromersk, østerlandsk, som ellers var så almindeligt (ægyptisk, syrisk og anden tro og kultus). Stoikerne var konservative i deres religiøsitet.

VI, 39: TILPASNING

De forhold du er sat til at virke i, efter dem må du tilpasse dig. Også de mennesker, du har fået at virke sammen med, dem må du elske, *oprigtigt* elske!

Det sidste har måske været svært nok for Marcus; man må sammenligne hans menneskeforagt VII, 3 og mange andre steder.

VI, 40: BØJ DIG FOR ALNATUREN

Et redskab, et værktøj, enhver indretning, når det virker efter sit formål, så er det som det skal være, om end manden som har lavet redskabet, ikke længere er til stede. Med *alnaturens* frembringelser derimod er det anderledes, for den kraft som har dannet dem, *er inde i dem* og forbliver dér. Des mere skal du derfor bøje dig i ærefrygt for denne kraft og stole på, at når du helt og holdent fører dig efter dens *vilje*, så bliver også alting godt efter *dit* sind.

VI, 41: TILSKIKKELSER BØR IKKE KRITISERES

Kommer der over dig en tilskikkelse som er uafhængig af din vilje og dit valg, og du så karakteriserer den som »god« for dig eller »ond« for dig, så kommer du ud i slemme konsekvenser. Er din tilskikkelse nemlig en indtræffen af et såkaldt »onde«, eller også en skuffelse og udebliven af et såkaldt »gode«, så føres du til bitterhed mod guder og mennesker: guderne vil du bebrejde, at de lod sligt passere, og menneskene vil du fatte nag til, idet du (med rette eller urette) giver dem skyld for din skuffelse eller ulykke — og netop dér er det, at vi så ofte gør folk uret ved at klamres med dem derom.

Ville du derimod indse, at alene de forhold der afgøres af *vort* valg og vilje, fortjener betegnelsen »gode« eller »onde«, så forsvinder al anledning både til at anklage gud og til at stille sig i fjendepositur mod noget menneske.

Nærv. stykke er til dels skrevet i en så sammenskruet og knap form, at det at oversætte, så meningen bliver tydelig, næsten ligner at løse en rebus. De tidligere oversættere, fordi de har oversat så ordret som muligt, har i alt fald ikke løst rebussen.

— Om stoikernes grundforskel mellem de ting, som *står* i vor magt og de ting som *ikke* gør det, er talt i indledningen.

VI, 42: ALLE ER VI MEDARBEJDERE

Alle arbejder vi sammen efter *et* fælles formål, *en* stor fuldbyrdelse; nogle véd dette og arbejder villigt og lydigt, andre arbejder også, men gør det ubevidst — er det ikke *Hereaklit* som siger at selv når man sover så arbejder man, medarbejder på hvad der bliver til i verden. Hvert menneske har fået sin part af det fælles arbejde, ja oven i købet: det har også *den* fået, som laster og søger at gå imod og standse tingenes gang; også ham har kosmos taget i brug. — Det bliver da *din* sag at forstå, til hvad slags arbejdere du selv ønsker at høre, for han, den store arbejdsgiver, han skal nok finde din rette arbejdsplads og anbringe dig i et eller andet hold af sine folk — men du skulle nødig være af de folk, som (efter et udtryk af Khrysippos) ligner et dårligt vers i en god komedie.

Til det sidste må tanken nødvendigvis tilføje: »men også det dårlige vers hører med til komedien« (fx som et med vilje sat parodisk vers). Virkeligt findes af den ellers tabte gamle stoiker Khrysippos et citat, der siger omtrent noget sådant. — *Herakleitos*, en af de ældste filosoffer, berømt for sit skarpsind. — *Den store arbejdsgiver*, kosmos, her tænkt ganske som personlig gud.

AF VI, 44: HVIS EPIKUR HAR RET OM GUDERNE?

... Men *hvis* da guderne ikke bekymrer sig om noget som helst — at tro det er rigtignok ufromt —, lad os så endelig holde op med at ofre til dem, bede til dem, sværge ved dem og overhovedet foretage os noget af det som vi foretager os i den tro at guderne er til stede og lever med os. *Skulle* de altså slet ikke interessere sig for menneskenes anliggender, — nuvel, så har jeg i det mindste lov til at interessere mig for mig selv, jeg har da lov at se mig om efter hvad der gavner mig. Gavnligt for enhver er det som stemmer med hans anlæg og naturbestemmelse, og min naturbestemmelse er et fornuftsvæsens, et samfundsvæsens. Som kejser *Antoninus* har jeg mit samfund og fædreland i *Rom*, og som *menneske: i hele kosmos*; hvad der er gavnligt for disse tvende samfund — *det*, og intet andet, er gavnligt og godt for *mig*.

En stoiker, der siger: *hvis* Epikur har ret; en troende, der *sætter* at hans tro er blændværk; en idealist der flygter ind under nyttemoralen — han er egentlig ret nær ved åndelig fortvivlelse. Sligt kan hændes enhver religiøs stærkt bevæget natur, og hyppigere end folk tænker. Og kan det momentvis hændes en troende kristen, så bør det ikke forbavse, at en stoiker bliver svimmel.

— Epikuræerne antog, at guderne, hvis de var til, da i alt fald ikke bekymrede sig om menneskene eller nogen ting:»Guderne har hverken selv bryderier eller forskaffer andre bryderier«, hed det blasért og halvt spottende. Imod dette siger M. her kun, at en sådan tanke er ufrom — et fattigt bevis.

— »Antoninus« kalder M. sig selv; han var jo adopteret af Antoninus Pius.

VI, 46: HVOR LÆNGE, HVOR LÆNGE?

Ligesom det der foregår i amfiteatret og lignende steder falder dig for brystet, for det er altid det samme du ser, og ensformigheden vækker lede ved forestillingen; sådan går det dig med hele livet: alting er op ad stolper og ned ad vægge, de selv samme ting og af de selv samme årsager. — Hvor længe skal man holde dette ud?

Bastholm, som pga. en gal oversættelse af et enkelt udtryk her, ikke har forstået dybden af denne fortvivlelse, siger alligevel:»Han må uden tvivl have skrevet dette i en ond lune.«
I *amfiteatret* foregik da især gladiatorfægtninger og dyrekampe. Man vil helst tro om M., at det ikke fornemmelig var *ens*formigheden, der faldt ham for brystet. Men man må huske, at disse forestillinger var romernes yndlingsforlystelse, og hvis i nutiden fx en spansk monark ville tyrefægtningerne til livs, så ville han måske over for folket udrette mere ved at slå på ensformigheden end på grusomheden. — I amfiteatret og *lignende steder*. Disse var især *Circus*, den mægtige aflange bane for de spændende væddekørsler, samt for pompøse optog af forskellig slags ved de talrige offentlige og private festlege; desuden også *teater*forestillinger, mindre nu af egentlige komedier og tragedier, end af revyagtige og balletagtige stykker og pantomimer.

VI, 48: OPMUNTRING

Når du vil opmuntre dig lidt, så tænk på fortrin, som de mennesker der er om dig, kan have: *den* fx har en sjælden energi, *den* et tiltalende væsen, *den* er så god til at give, *den* god til andre ting. Intet er så opmuntrende som disse dydernes afspejlinger, der ligesom lyser os i møde fra karakterer vi omgås — så mange som muligt en samlet lysvirkning! Sådanne har du godt af at have ved din side!

VI, 53: KUNSTEN AT VÆRE TILHØRER

Når *den anden* taler, så vær med ufravendt opmærksomhed118 det han siger, det må du vænne dig til; du må så at sige gå ind i talerens sjæl.

M. var selv en stor foredragsholder (vi har en notits om at han før sin afrejse til markomannerkrigen holdt filosofiske foredrag tre dage efter hinanden). Så rådet her har måske været svært nok for M. at følge.

VI, 54: FÆLLESSKAB

Hvad der skader bisværmen, skader også bien.

VII, 1: INTET ER NYT UNDER SOLEN

Hvad er ondskab? Det er *det*, som du har set mange gange. Ja, og ved *alt* hvad der sker, kan du have det svar rede: »det er *det* som du har set mange gange«. Om *alting* vil du finde at det er om igen og om igen; det er de selv samme ting som menneskenes historie er fuld af, oldtiden, mellemtiden og den nyeste tid; de selv samme ting som i dette øjeblik kommuner og byer og huse er fulde af. Ingenting er nyt; alt er både gammelkendt — — og snart forbi.

Sml. VI, 46. Den bitre trøst findes i de tre sidste ord. — Men i de første, hvilken koncentreret bitterhed at bruge ordet »ondskab« som det typiske eksempel på, »hvad du har set mange gange«. Vedk. græske ord kunne lige så godt oversættes ved »usselhed«, »Nichtswürdigkeit« o. a.; bitterheden blev ikke mindre for det.

Oldtiden, mellemtiden og den nyeste tid. Denne inddeling (som selvsagt intet har til fælles med den moderne ligegyldige historie-inddeling) er ukendt i de græske og latinske historiebøger, som stod til M.'s tjeneste; M. vil blot sige: fra de ældste tider op gennem de senere lige til vore dage. (Derimod kan han — fra *Florus*, en krigshistoriker under Hadrian — have kendt en inddeling af romerhistorien i barndomstid, ynglingetid, den voksne tid, alderdommen, men det vedkommer ikke dette sted.)

VII, 3: SÅDAN ER LIVET OMKRING MIG

Et fest-optogs meningsløse anstalter, opførelser på en forhøjning, masse-opvisning af små og store dyr, klopfægtninger. Kødben kastet i en flok hunde, en bid madding ned i fiskeparken. Myrers besværlige travlhed og slæben om med byrder, forskrækkede mus der løber frem og tilbage, marionetdukker der spræller. Og så videre. Sådan er livet. Og *det* skal man stå midt i med huldsalig mine og endelig ikke gøre revolte.

Rolig min ven, føj dig efter forholdene. Ja for akkurat så meget er et menneske værd, som de ting er værd, han har kastet sin interesse på.

Dette kan man efter behag kalde overlegenhed eller hovmod. — Stykket er ret svært at oversætte, bl. a. fordi den første halvdel er lutter substantiver stillet sætningsløse ved siden af hinanden. — Det er det romerske byfolks tåbelige interesser — indtogene på circus, pantomimerne på teatret, dyre- og gladiatorkampene på arenaen — og tåbelige færd, han vil ramme med disse uartikulerede udbrud. Og så må han som kejser selv deltage deri, ja patronisere og føre forsædet i disse forlystelser, hvilke han som »madding« er nødt til at kaste for folket! Den sidste linje betyder: du kan jo lade være at interessere dig derfor. Dog: en slags »interesse« var han jo nødt til at vise for disse folkeforlystelser, navnlig da for de store triumftog han efter sejren over fjenderne måtte holde efter fortidens pompøse mønstre både år 166 og år 176.

— I anledning af min før udtalte formodning om, at hans »tanker til sig selv« nok har været tænkt som bog til offentliggørelse, må det tilstås, at et stykke som nærværende kan han ikke godt have tiltænkt offentliggørelse, nemlig *ikke i hans levende live* — men udmærket godt efter hans død.

VII, 9: EN HELLIG ENHED

Alt bestående er flettet sammen, og hellig er den sammenføjelse. Intet er, så at sige, uvedkommende det ene for det andet. Alle bestående ting og væsener er ligesom sat i arbejdskolonne, de hjælper hinanden at bygge på samme kosmos. Der er kun *ét* kosmos, af alt og alle, *én* gud gennem alt, *ét* væsen og substans, *én* lov. Og for alle tænkende væsener: *én* fælles fornuft og *én* sandhed, — men da er der også *én* formålsstræben for alle mennesker, såsom vi er af samme byrd og har del i den fælles fornuft.

VII, 10: KOSMOS ABSORBERER ALT

Som alt det stoflige hastigt gemmer sig ind i alnaturens substans, og alt hvad der er af ånd hastigt indoptages i alnaturens fællesfornuft, — således forsvinder også *mindet* om hver eneste ting, det hældes hastigt ud i evighedens kar.

VII, 13: VI ER ALLE LEDEMOD AF MENNESKEHEDEN

Som legemets ledemod og lemmer, samlede, danner *én* organisme, nemlig individet, således danner samtlige fornuftsvæsener, skønt ikke fysisk sammenhængende, *én* større organisme til fælles samvirken.

Forståelsen af dette vil falde dig lettere, hvis du ofte siger til dig selv: »Jeg er et ledemod i menneskehedens store organisme«; du må sige »ledemod« og ikke fx »del af« eller »stykke af«, for siger du *det*, så elsker du endnu ikke menneskene rigtigt af hjertet, så har du endnu ingen ret begrundet glæde af at gøre vel mod mennesker, så gør du det endnu koldt og fordi det altid lader kønt at gøre vel, — så har du ikke nået til at se, at da du gjorde vel mod den anden, så gjorde du vel mod dig selv.

Det er underligt at læse disse smukke udtryk for varm kærlighed til menneskene, lige efter udbrud som VII, 3. Marcus har haft lettere ved teoretisk at elske menneske*heden* end praktisk at elske dem enkeltvis. Dette har været ham svært, se VI, 39; des mere må vi beundre hans liv og gerning.
»Ledemod« — »del af«. Teksten har et uoversætteligt ordspil: »hvis der med bogstavet r siges »me*r*os« (del, stykke) i stedet for »me*l*os« (ledemod), så«...

AF VII, 17: TIL EN DÅRLIG TANKE

Hvad gør du nu her, tanke? Gå som du er kommet, guderne være med dig, jeg har ingen brug for dig. — Nåh — så du kom af gammel vane? Javist javist, jeg er ikke vred på dig. *Gå* bare!

Et højst originalt og fint lille stykke. (Den syndige tanke, der kommer af gammel vane!). — Der står strengt taget »forestilling«, ikke »tanke«; men vi siger nu alligevel »tanke« om sligt.

VII, 22: ELSK OGSÅ DEM DER FORSÉR SIG MOD DIG!

Det ligger i din natur som menneske — sandt menneske — at elske også dem som forsér sig mod dig. Det kan du, når du samtidigt kommer i hu, at også han er din frænde, at han fejler af uvidenhed og altså uden at ville det, at om en kort stund vil I begge være døde, og fremfor alt: at han ikke har skadet dig, for det inderste og egentlige jeg i dig har han ikke gjort ringere end det i forvejen var.

Elske også dem som forsér sig mod dig (»mod dig« har jeg tilføjet, fordi stykkets slutning viser at det er meningen). Dette ligner Jesu bjergprædikens: »Elsk eders fjender«. Man lade hele den tidligere oldtids kendte udtalelser passere sin erindring, man finder næppe noget helt lignende, selv Sokrates' (Platons), at man ikke må gengælde ondt med ondt, er ikke det samme. — Men i syndens begreb, at den beror på uvidenhed og altså er ufrivillig, afviger såvel stoikeren som Sokrates dybt fra kristendommen, hvorfor også den stoiske tilgivelse med påfølgende kærlighedsbud bliver ulige mere overfladisk og for så vidt lettere at efterfølge.

VII, 28: DIT INDERSTE JEG

Træng dig sammen i dig selv. Dit inderste jeg, fornuftsjælen, den som bør herske i dig, den har nok i sig selv, i sin tilstand af moralsk fuldkommenhed, og er derfor i sjæleligt havblik og vindstille.

VII, 32: ENTEN — ELLER

Om døden. Enten [er der en] adsplittelse, hvis [man består af] *atomer*; hvis [personligheden derimod er en] *enhed*, [så er døden] enten udslettelse eller forvandling.

Tag det i klammer satte bort, så får læseren et begreb om knapheden i Marcus Aurelius' stil. — Atomteorien er epikuræisk, enhedslæren stoisk. Det stoiske alternativ tydeligt allerede hos Sokrates (i Apologiens slutning) og senere hos Seneca (fx ep. 65).

VII, 33: SMERTE BETYDER INTET FOR MIN ÅND

Om smerte. Er den uudholdelig, så fører den dig altså ud deraf. Varer den ved, så er den altså udholdelig. Dit inderste jeg isolerer sig da i sig selv og bevarer sin fred; sjælens bedste del er forblevet uskadt. De ydre dele af dig, de som hærges af smerten, *dem* om det! Lad *dem* ytre sig om smerten, hvis de kan.

Om udholdenhed i smerte taler mange gamle moralister udførligt og smukt. Rigtignok er trøsten ved alternativet i stykkets begyndelse mest sofisme, ligeså Seneca ep. 78.

Hele tankegangen, hvis den kan udøves praktisk, er beundringsværdig heroisme; forbliver den derimod retorik, er den kun positur. Stoicismen har givet sig udslag i begge retninger.

VII, 36: ET CITAT

»Kongeligt er det: god gerning at så, men utak at høste.«

M. kan vel som kejser ofte have erfaret dette. — Heksametret synes at være et citat af en ældre filosof Antisthenes, »kynikernes« stifter.

VII, 38: ET CITAT

»På *tingene* at vredes nytter ej,
For *de* er ligeglade, tro du mig!«

Man har i den seneste tid ment, at disse jambiske linjer, og flere mindre betydelige i det flg. (ikke oversat her) stammer fra en tabt samling sentenser af Khrysippos. — I det flg. er også hele citater af Platon. Så at hele det parti af M.'s værk, hvori vi nu befinder os, måske mere er at betragte som en slags »stambog«.

VII, 54: LEVEREGLER

Tre ting står overalt og stadigt i din egen magt: med tilfredshed og fromhed at tage imod den skæbne som i øjeblikket er over dig; med retfærd og billighed behandle de mennesker som i øjeblikket er om dig; med flittig årvågenhed kontrollere de forestillinger som i øjeblikket foresvæver dig — for at intet uklart og urent skal trænge ind i dig.

I din egen magt, stoisk udtryk, hvorom ofte er talt ovenfor. Selve skæbnen, menneskene og forestillingerne er ikke i vor magt, men *behandlingen* af dem er det. — *Uklart og urent*. Teksten har »ubegrebet«, men husk, at for stoikerne (som atter har det fra Platon) er al åndsforkerthed kun uvidenhed, ubegriben.

VII, 55: LEVEREGLER

Se dig ikke om efter, hvilke livsprincipper *andre* mennesker ledes af, men se ligeud efter det, hvortil naturen nu leder *dig*: både den fælles alnatur, gennem hvad den tilskikker dig, og din egen særlige natur, gennem hvad du selv udretter. Enhver skal udrette det, han kan og må efter sin naturbestemmelse: alle andre skabninger er til for fornuftsvæsenernes skyld — ligesom også i ethvert andet forhold det lavere er til for det højeres skyld —, men fornuftsvæsenerne er til for hverandres skyld. Det principielle i menneskets bestemmelse er altså: fællesfølelsen.

For det andet: Vær ufølsom over for dine legemlige tilstande, for sjælens tanke- og åndsliv har den ejendommelige kraft at kunne afgrænse sig i sig selv og ikke ligge under for hverken sansernes eller lidenskabernes rørelser, for disse er begge animalske; men ånden vil have førerskabet og ikke lade sig kujonere af det andet. Og med rette, for åndens natur er netop: *at bruge* alt det andet.

Den tredje naturbestemmelse hos fornuftsvæsenet er, at man ikke lader sig lede til overilelser og ikke lader sig bedrage af skinnet.

Disse regler skal din sjæl — din tænkende og åndelige sjæl — holde sig til og sætte kursen lige ud mod sit mål, for så både *har* den og *får* den, hvad der tilkommer den.

Den fælles alnatur, kosmos. *Din særlige natur*, hvert menneskes »daimon«. — *Fællesfølelsen* (ordret »det fællesskabsagtige«), dermed menes stundom: fællesfølelsen med menneskeheden — et af de smukkeste træk i stoicismen —, men hyppigt også: den dunkle og ikke let forståelige fællesfølelse med universet, kosmos. — *Ånden vil »bruge« det legemlige*. Ikke altid har stoikerne en så human opfattelse af det legemlige, andre steder betragter de (med Platon) det legemlige som åndens *hindring*, eller som noget endnu foragteligere. — *Ikke lade sig lede til overilelse*. Vedk. græske glose (også IV, 49), ordret »det u-falden-frem-agtige« dvs. utilbøielighed til at falde i armene på nogen, synes et teknisk stoisk udtryk; skolens grundlægger Zenon skal have defineret det som »forstand på, når man skal give sin tilslutning til noget, og når ikke«. (Dette anføres som et slags kuriosum til forståelse af hvor svært det undertiden kan være at oversætte Marcus Aurelius.)

VII, 59: KILDEN

Se indad! *Inde* i dig er en kilde til det gode; den kan altid vælde frem, hvis du altid graver.

Også Epiktet sammenligner et sted den dydige sjæl med en stedserindende kilde.

VII, 60: OGSÅ LEGEMET

Også legemet bør vise ro og fasthed og ikke slingre, hverken i gang eller i holdning. Den virkning, sjælen har på ansigtet, idet den fremkalder og bevarer et smukt og forstandigt udtryk dér; en lignende virkning kan man også fordre udstrakt til legemet i sin helhed. Blot må alt det ikke ske på en tilstræbt og kunstlet måde.

VII, 63: INGEN SYNDER MED VILJE

»Enhver sjæl«, står der, »er kun *mod sin vilje* uden sandhed.« Altså også mod sin vilje uden retfærdighed, uden sædelighed, uden god tænkemåde osv. — Det er ganske nødvendigt, at du altid husker dette —, så vil du blive mildere stemt mod alle mennesker.

»*Står der*«, ordret: »siger han«. Platon nemlig, eller rettere Epiktet, der citerer Platon således (dog, om sætningen i den form findes i det bevarede af Platon, véd jeg ikke — den kunne udmærket ligne ham). Beslægtet tanke er det platoniske: Ingen synder vidende.

AF VII, 68: SJÆLEN UAFHÆNGIG AF ALT YDRE

Om så alle mennesker skælder ud og råber efter dig, hvad de har lyst til, ja om så vilde dyr slider i de usselige ledemod og flænser i den fars af kød, for andet er det ikke, som er æltet sammen om dig —, endda kan dit egentlige jeg fortsætte sit liv uanfægtet, ja i fuldkommen sjæleglæde. For hvad skulle hindre dit tænkende jeg, ånden i dig, midt under alt dette, ja trods alt dette, hvad skul-

le hindre den i at holde sig trygt hos sig selv som i et sjæleligt hav-
blik? — Som på en dommers sæde, hvorfra den uhildet vurderer
hine ydre tings virkelige værd; — som på en øvriheds stol, hvor-
fra den overlegent tager dem i brug; — så at dommeren siger til
smerten: »Jeg véd hvad du i virkeligheden er, selv om du tager
dig meget større ud for folk.« Og øvrigheden siger: »Du min
undergivne, godt jeg fik fat i dig; sådanne ydre ting kan jeg altid
bruge som materiale til åndens styrkelse og uafhængighed.«

Fars af kød osv. Den græske glose betyder netop »sammenæltning af dej« e.
l. — Når en ældre oversætter bruger det mere decente udtryk »støvhylster«,
så er det et eksempel på den oversættermaner at ville afglatte og gøre sproget
akademisk ulasteligt og ligesom »egnet til skolebrug«. Men dette er at be-
drage både læser og originalforfatter. Når Marcus er drastisk (og det er han
ikke sjældent), så skal læseren også vide det.

Billedet med *de vilde dyr* har kejseren vel af selvsyn fra den romerske are-
na. — Dette stykke er i øvrigt et af de pompøseste eksempler på den stoiske
mandighed — i litteraturen.

(De allersidste ord har jeg givet efter bedste skøn over meningen; teksten
var mig ikke klar.)

VII, 69: ET PAR LEVEREGLER

Hør et par råd til din karakters opdragelse:
Gennemlev enhver dag, som var det din sidste. — Undgå i
din handlemåde det febrilsk opfarende, undgå også det dorsk
opgivende. — Lad aldrig anderledes end du *er*.

VII, 70: HOLD UD MED MENNESKENE!

Guderne, som er udødelige, besværer sig ikke over at de i al
evighed uden ophør er nødt til at finde sig i tilværelsen af disse
jorderiges væsener, så mange og så jammerlige de er; ja de tager
sig endog på mange måder kærligt af dem. *Du* derimod, som bli-
ver fri om et øjeblik, du taber modet og vil ikke mere — og det
skønt du *selv* er et af disse jammerlige væsener!

Atter bitterhed mod menneskene. — *Guderne* fremføres her aldeles som personligheder. — Man kan dog ikke af den grund slutte sikkert til Marcus' anskuelse, for gudernes fremførelse her er mere en stilistisk vehikel for M.'s anfald mod menneskene.

VII, 71: LATTERLIGT

Det er latterligt at ville være fri for *andres* ondskab, hvad der er umuligt, men ikke ville give slip på sin *egen* ondskab, hvad der dog nok var muligt.

VII, 73: IKKE UBESKEDEN!

Når *du* har fået bevist en en velgerning, og *han* altså har modtaget en velgerning, så er det *to* held. Hvorfor kræver du så oven i købet et *tredje* held, at høste ros derfor eller modtage gengæld? Det er jo at være ubeskeden.

VIII, 4: MENSCH, ÄRGRE DICH NICHT

Folk vil ikke undlade at gøre de samme dumheder, om *du* så revner af harme.

VIII, 5: FORAN EN AFGØRELSE

Når du har en større afgørelse at træffe, så er *det første*, at du ikke bliver nervøs; for hvad der end sker, så sker det jo i sidste instans efter alnaturens lov; og med dig *selv* er det ligegyldigt, for om en liden stund er du selv et nul og ikke mere til på Jorden, akkurat som det gik med Hadrian og med Augustus. — *Det næste* er, at du tager sagen i det skarpeste øjesyn, sagen selv, uden bihensyn. — *Da* først, med bevidsthed om, at du står med ansvar som *menneske*, menneske i ordets fulde betydning, og med klarhed over hvad dette menneske-ansvar i dette tilfælde kræver af dig — *da* først skrid til handling, og gør det så uden at se dig om.

Kommer der indvendinger, så sig blot ganske åbenhjertigt,

men i al venlighed og høflighed: »*Sådan synes nu jeg at det er rigtigst*«.

Teksten er atter her så knap, at oversættelsen hist og her endog har måttet føje hele små sætninger til for overhovedet at kunne give mening.

VIII, 8: HVAD HAR DU LOV TIL

Læse — har du ikke lov til. Men tøjle din arrogance, det har du lov til; bekæmpe dine lyster og smerter, det har du lov til; være hævet over hvad folk siger om dig, det har du lov til. Og ikke vredes på tåber og utaknemmelige, men oven i købet vise dem godhed, det har du lov til.

Læse har du ikke lov til. Sml. noterne til II, 3 og III, 14. — Der er smerte i dette lille stykke. Og i slutningen, der er ligesom stykkets *clou*, er der tillige stærk bitterhed. Her, som mange gange, klager han særligt over folks utaknemmelighed.

VIII, 9: EN HVISKEN

Tys. Lad ingen længere høre dig rive ned på livet ved kejserhoffet. Lad ikke engang *dig selv* høre dig, tys.

Et meget fint lille udbrud, især i betragtning af, at »dig selv« er kejseren. — Også i VI, 12 røber han uvilje mod livet ved hoffet
Stykket er ganske misforstået af de tidligere oversættere.

VIII, 10; OM SANSENYDELSE

Fortrydelsen er en reprimande man giver sig selv for at have forsømt noget gavnligt. Det gavnlige må da være noget *godt*, og det *gode* må jo enhver brav mand lægge sig efter. — Men nu vil en brav mand aldrig føle »fortrydelse«, når han har forsømt en *sansenydelse*. Dette er beviset for, at en sansenydelse hverken er noget gavnligt eller noget godt.

Heri er der dog lidt af et cirkelbevis.

VIII, 19: FOR AT MORE DIG?

Enhver ting er blevet til for noget, således hesten, vinranken og
så videre, det ville da være underligt andet. Også Solen vil sige:
Jeg har min gerning, den er jeg blevet til for; de øvrige guder vil
sige det samme. — Nu *du*, for hvad er *du* blevet til? For at more
dig? Se til, om din tanke, din logik, godkender det svar.

Sml. fx v, 1. — *Solen, de øvrige guder.* Her ser vi da tydeligt, hvad M. (og stoi-
kerne) mener med deres hyppige udtryk »guder«. Se indledningen.

AF VIII, 22: MED RETTE

Med rette har du det som du har det; for du vil hellere *blive* fri
for fejl i morgen end *være* det i dag.

Fri for fejl. Vedk. græske glose plejer at oversættes ved »god«, men har, især i
det stoiske sprog, en meget koncisere betydning.

VIII, 24: BITTERHED

Som når du vasker dig: du ser olie, sved, snavs, slimet vand, alt
er modbydeligt — sådan er enhver del af livet, sådan er alt ma-
terielt.

Den sidste glose, her oversat ved »alt materielt«, kan *også* have en anden
betydning, nemlig »alt foreliggende«, »alt det man skal foretage sig«. Har
M. ment *dette*, så er hans bitterhed i sandhed steget til fortvivlelse. Eller mon
M. vil have betydningen overladt til læserens valg?

VIII, 26: VOR BESTEMMELSE

En *fryd* for et menneske er at udrette det som er et menneskes
bestemmelse. Menneskets bestemmelse er: godhed mod sine
medbrødre, ligegyldighed for sanselige rørelser, skelne-evne over
for lokkende forestillinger, betragtning af alnaturens væsen og af
fænomenerne som lyder dens love.

Fryd for et menneske. Hvor modsat en stemning fra lige ovenfor, VIII, 24. Til vor forfatters karakteristik hører også stemnings-bevægelser mellem ekstremer.

VIII, 34: DET AFHUGGEDE LEDEMOD

Har du nogen sinde set en afhugget hånd eller fod? eller et afskåret hoved, liggende smidt hen et steds borte fra det tilhørende legeme? Just sådan, hugge sig selv af — såvidt det står til ham —, det gør den som forholder sig *uvillig* over for det ham tilskikkede; sådan gør ved sig selv den, som *afsondrer* sig fra fællesskabet, og den som foretager sig noget i *egoistisk* ånd: du har smidt dig et steds hen bort fra sammenhængen med naturens store enhed; du var oprindelig et ledemod, nu har du hugget dig selv af.

Men her er noget fint og vidunderligt at bemærke: *du formår atter at hele dig selv!* Det har Gud ikke skænket noget andet led af naturen: når det *én* gang var skilt fra og afhugget, så atter at kunne vokse sammen. Nej betænk dog den godhed, hvormed han har benådet mennesket: både gav han os fri vilje til overhovedet ikke at lade os løsrive fra helheden, og dernæst, når vi alligevel løsrev os, gav han os evne til at vende tilbage, genoprette forbindelsen og atter fungere som rette ledemod af det store fællesskab.

Sml. XI, 8. — Atter og atter fastslår M. mennesket som ledemod af en større enhed, der snart er menneskeheden, snart hele kosmos. Når M. så vil angive menneskets pligter i den henseende, så synes han snart at mene vedkommendes *pligter* efter sin stilling (fx M.s egne regentpligter), snart almindelig godhed mod andre mennesker, snart (hvad der synes lige det modsatte) idel selvfordybelse og »filosofi« og afvisning af menneskeselskab. Således kan stoikeren, under skin af den største altruisme, henfalde til kras egoisme. — Ligeså: i erkendelsen af egen lidenhed og menneskelivets ubetydelighed i forhold til kosmos, kan stoikeren under skin af ydmyghed henfalde til hovmod, da stoikeren jo er den eneste, der ret indser sandheden. — Ligeså: på grund af sin principielle ligegyldighed for smerte, kan stoikeren blive ubarmhjertig mod andre. — Og: skønt Marcus Aurelius og andre hyppigt, på grund af menneskehedens broderskab, anbefaler *kærligheden*, er der i selve det stoiske system ingen plads derfor.

Med al beundring for det grandiose ved stoa, kan man vistnok sige, at denne den mest konsekvent opbyggede filosofi i virkeligheden har været den mest inkonsekvente; dette gælder både i dens verdensanskuelse (og teologi, hvad der her falder sammen), i dens livsanskuelse og i dens praksis; optimisme og pessimisme krydser hinanden. — Det hævner sig i åndsverdenen at opstille alt for ubøjelige maksimer. — (Mod slutningen). *Både gav han os fri vilje* osv. Tanken synes ikke ganske logisk; men oversætteren må også her følge forfatteren.

VIII, 44: EFTERMÆLET VEDKOMMER DIG IKKE

Værs'god, *denne* levetid er til dig, mere får du ikke. — De, som jager efter eftermælet, betænker ikke, at hine eftertids-mennesker, de vil blive akkurat magen til disse nulevende mennesker, hvem de dog finder utålelige. Og hine eftertids-mennesker, de dør jo da *også*; det bliver jo hip som hap. Og hvad kommer det i det hele taget dig ved, om de fyre udstøder med munden den eller den lyd om dig, eller går omkring med den eller den mening om dig?

Man kan forstå stedet i V, 5: »Den bitterhed hos dig, den *kan* folk ikke synes om«. — Og om eftermælet: hvor forskellig er ikke vor gammelnordiske opfattelse (i Havamál):

Fæ dør,
frænder dør,
selv dør man ligervis.
Eftermælet
aldrig dør,
når det *vel* er vundet.

VIII, 45 : DEN SMULE MODGANG!

Tag mig og kast mig hvorhen du vil, o du min skæbne! Også dér vil jeg jo beholde min daimon glad. Glad, fordi det er den nok, om det den har, og det den virker, bliver efter dens egen natur og bestemmelse. — Og den smule modgang, *den* skulle have magt til at min sjæl af den grund skulle befinde sig ilde? Blive ringere end den var, blive klejnmodig, række ud efter hjælp, falde sammen, få en rystelse? *Den* smule modgang!

Og kan der overhovedet tænkes *noget*, der skulle have den magt?

Kast mig hvorhen du vil. Man kunne fx tænke på en uvelkommen rejse, en ny uvelkommen ekspedition. Marcus Aurelius, denne fredens mand, var næsten aldrig i fred. — »O, du min skæbne« er tilføjet af mig; eller måske O nødvendighed, O alstyrelse, e. l. — *Beholde min daimon glad,* min inderste, bedste bevidsthed. — »*Glad*«. Det græske ord plejer at oversættes ved »nådig«, fordi det hyppigst bruges om guder; det kunne for så vidt også her være oversat »nådig«, fordi ens daimon jo er guden i en selv. Alligevel betyder ordet, også om guder, egentlig kun: »glad« (og venlig) i åsynet — hvad man kan se af et andet græsk nærbeslægtet adjektiv. Kunstnerne afbildede, især i den ældre tid, guderne med et glad smilende åsyn: det »nådige« fulgte så af det »glade«.

VIII, 49: ET LILLE RÅD

Når du har fået en besked om noget, eller et indtryk af noget, så læg ikke for dig selv mere deri, end just det som den forudgåede besked eller indtryk sagde dig. — Det er meldt dig, at den eller den taler ilde om dig. Meget vel, *det* er meldt dig; men at du har lidt nogen *skade* derved, det er *ikke* meldt dig. — Jeg ser, at mit barn dér har det dårligt. Ja det sér jeg, men at barnet derfor er i fare, *det* ser jeg ikke. Bliv altså stående ved det indtryk, du virkelig fik, det første altså, og tilføj ikke ved dig selv noget af din egen opfindelse, så lider du ikke noget. — — Jo dog: du kan tilføje dette, at *alt* hvad sker under verdensstyrelsen, det kender du, det er du forberedt på.

Dette — lidt sofistiske — husråd hænger sammen med det af stoikerne så ofte indprentede dogme, at det ikke er tildragelserne, men vore *meninger* om tildragelserne, der volder os smerte. — Fra eksemplet med barnet slår der os en vis stoisk kulde i møde.

VIII, 50: KOSMOS TAGER ALT I BRUG

En agurk er bitter — lad så være at spise den. En bunke tjørn ligger på vejen — gå så udenom den. Mere behøves ikke; lad være at himle op derover: »At dog sådant kan ske under verdensstyrelsen!« Du vil da kun blive til latter for en kender af verdensordningen. Ligesom du ville blive til latter for en snedker eller en skomager, hvis du kritiserede at der lå høvlspåner i værkstedet, eller læderstumper af fodtøj der var under arbejde. — Disse mestre har dog et sted, hvor de kan feje det ud, men *verdensstyrelsen*, den har ikke noget »ud« — for den har ingen anden grænse end sig selv og har således gjort alt udenfor til at være indenfor —, og det beundringsværdige ved *dens* kunst — dens så at sige fag — er da, at den tager alt derinde, som *vi* synes er kassabelt og gammelt og ingen nytte til, det tager den og bearbejder og forvandler til at blive dele af sig selv og danner nye og friske formationer ud af selve de gamle sager; så at den hverken behøver nyt materiale bragt til udefra, ikke heller nogen losseplads til at skille sig af med affaldet.

Således har verdensstyrelsen både sin arbejdsplads, sit arbejdsstof og sin virksomhed, alt er dens eget, og alt er tilstrækkeligt.

Den tanke, som M. her giver et så snildt og slående udtryk, at naturen i sit værksted forvandler alt hæsligt og unyttigt til brugbart stof, den får bekræftelse i fysikken, som vi nu kender den: henrådnen er kun omdannelse. — Imidlertid er, i nærv. stykke, kosmos' virksomhed kun set fra den materielle side; hyppigere er hos M. kosmos, som verdensordningen, taget immaterielt som *begivenhedernes* og tilskikkelsernes gang; også *her* røber M. lyst til at anbringe analogien med omdannelse af ondt til godt: da kosmos er fuldkommen, så må *eo ipso* alt hvad der sker, være godt eller *blive* godt. Men her, i etikken altså, støder M. altid på logiske vanskeligheder (de samme, som man i kristendommen støder på mht. syndens tilværelse), og de herhen hørende stykker mangler derfor altid beviskraft. Når man nemlig siger, at alt hvad der sker, enten er godt eller *bliver* godt, så ligger deri, at noget altså en tid *har* været ondt, dvs. *har* gjort fortræd. Men logisk burde intet nogen sinde kunne gøre fortræd i det fuldkomne kosmos.

(I nærv. stykkes midte har oversætteren måttet behandle teksten særligt frit, fordi det danske sprog ikke kunne efterligne forfatterens knaphed, hvis meningen skulle frem.)

AF VIII, 51: KILDEN

. . . De kan slå dig ihjel, de kan lemlæste dig, forfølge dig med forbandelser — hvad har det at gøre med din ånd? Kan *den* ikke derfor forblive uberørt, tankeklar, besindig, retdømmende? Som om en stillede sig op ved en klar og ren kilde og gav sig til at skælde kilden ud — den vil ikke holde op med at udvælde sit læskende vand: kaster han end mudder i, kaster han skarn i — den vil straks sprede det, skylle det bort og aldrig smittes deraf. Vil du eje en stedserindende kilde og ikke en stillestående brønd? Da bevare du i enhver stund din sjæls uafhængighed, dens mildhed, dens enfold, dens renhed.

Slå dig ihjel osv. Anden person i dette stykke kan jo ikke godt være Marcus selv. Oftere end man tror (idet man er ledet af titlen: »Tanker til sig selv«), henvender M. sig alligevel ikke til sig selv, men på almindelig forfattervis til læseverdenen. Også herved styrkes formodningen om, at M. har tænkt på udgivelse.

VIII, 54: DEN KOSMISKE INTELLIGENS

En sfære af luft omgiver dig: du drager ånde af den. Dog, det er ikke nok. For også en sfære af kosmisk intelligens omgiver dig og alt og alle: drag *ånd* af den. Denne åndelige kraft er udbredt over hele universet, den har gennemtrængt alt hvad som formår at inddrage ånd, ikke anderledes end den materielle luft gennemtrænger alt hvad der formår at inddrage ånde.

Der står egentlig ikke »drager ånde *af* luften« og »drag ånd *af* intelligensen, men: »drager ånde sammen med luften« og »drag ånd sammen med intelligensen, altså: deltager med luften i dens åndedrag, og: deltag med intelligensen i dens åndsliv — hvoraf det første jo for moderne fysik er rent nonsens, og for den antikke læser kun gjort acceptabelt ved en lille sproglig tilsnigelse, idet den samme glose (πνειν) både betyder »trække vejret« (om mennesket) og »blæse« (om luften). Så jeg tror at have gjort alt hvad en oversætter kan for at få dette interessante sted oversat rigtigt.

Det interessante ved stedet, men tillige det dunkle, er anskuelsen af kosmos som en atmosfære af tanke-kraft. Og vel at mærke: hermed menes aldeles ikke noget blot billedligt (som når vi fx kan sige: at leve i en atmosfære af intelligens.)

VIII, 57: SOLSTRÅLE OG TANKE

Sollyset synes ligesom at være hældt eller udgydt over os; over alt er det udgydt, men om *udtømmen* er der ikke tale. For denne *udgydelse* er i virkeligheden snarere en *udvidelse* eller strækken sig ud ... Hvad en solstråle er for noget, det kan man se, hvis man lader lyset fra solen passere gennem et snævert hul ind i et mørkt værelse og så betragter det: en stråle der strækker sig i lige linje, idet den kløver den omgivende luft, og når den træffer en fast genstand hvad det nu kan være, så ligesom støder den *på*; dér står den så og glider ikke af eller falder ned.

Noget lignende må også *tankens* virksomhed være; også *den* ligner en udgyden eller hælden, dog mindst af alt en *udtømmen*; men i virkeligheden er den en sjælens udvidelse, en strækken sig ud; møder så tanken på sin bane noget der hindrer, så stemmer den sig fast derpå, men gør det ikke voldsomt eller med brud på tingen, heller ikke glider den ned derfra, men standser dér og oplyser hvad den har ramt. Og hvad der nægter at lade tankens stråle passere ind til sig, kan takke sig selv for at måtte undvære dens lys.

Denne analogi mellem solens og tankens lys bliver ikke mindre skøn, fordi den fysiske opfattelse af lysets natur er naiv for nutidens øjne.

IX, 3: DØDEN

Skat ikke døden ringe, find tværtimod behag i den, og forstå, at også *den* er en af de ting, hvori naturen tilkendegiver sin vilje. Ligesom man bliver yngling og bliver olding, ligesom man vokser og holder op at vokse, ligesom man får tænder og skæg og grå hår, ligesom man avler børn og kvinden undfanger og derpå føder, ja ligesom alle andre funktioner, som livets tider naturligt medfører, — sådan kommer også tiden, hvor du tager afsked med livet. Det følger da af sig selv, at et fornuftigt ræsonnerende menneske aldeles ikke tænker på døden med fjendskab, heller ikke med hovmodig ringeagt, men bier på den som på en af de andre naturlige funktioner. Ligesom *du* for eksempel *nu* venter på, når fosteret vil træde ud af din hustrus moderliv, således vil du forvente den stund, når din sjæl skal udløses af dette dit hylster. Vil du imidlertid have en mere speciel påmindelse som direkte rammer *dig*, så tror jeg nok, at det, der især vil gøre dig helt tilfreds med døden, det er de forhold du står midt i og med ansvar for, dem du *så* endelig kan lægge fra dig; og den moral du ser hos dine omgivelser, dem din sjæl *så* ikke længere skal behøve at mænge sig med. Disse mennesker — ikke er det meningen at du skal lægge dig ud med dem, ingenlunde, tværtimod skal du vise dem omsorg og finde dig i dem med mildhed, men dog huske at skilsmissen fra dem, det bliver en skilsmisse fra mennesker af en anden livsopfattelse end din. For *det* var det eneste, som kunne have holdt igen, om så havde været, og fængslet dig til livet, hvis det havde været dig forundt at tilbringe livet med mennesker som havde samme livsidealer. Men nu, ak hvilken kval at være i disharmoni med sine omgivelser! Så at jeg siger: O død, skynd dig at komme, inden jeg endog glemmer hvem jeg selv er!

De forhold du står i og med ansvar for. Vedk. to græske gloser har *begge* dobbeltbetydning; det ene: ståen *ved* noget, og, ståen *over* noget; det andet: *foreliggende* forhold, og, *dig underlagte* forhold. — *Disharmoni med sine omgivelser.* Ret ofte, og ret stærkt, udtrykker M. sin utilfredshed med de mennesker, der i hans kejsertid er om ham; hvor ganske anderledes taler han i 1. bog; dér er han fuld af taknemmelighed mod mennesker — men det var måske i erindringen om de lykkeligere ansvarsløse ungdomsdage. En udpræget idealist, stillet i aktuelle praktiske forhold og mellem praktiske folk, især da politikere og statsmænd, vil vel altid græmme sig over sine medarbejdere, og disse vil gengælde med en vis ringeagt; sådan har forholdet altid været mellem idealisten og praktikeren, og sådan har det også været ved kejserhoffet under Marcus Aurelius: fra *dennes* side slår uviljen jo undertiden ud i lyse luer — dog kun litterært —, fx i II ,1: tølpere, krakilere, utaknemmelige, egoister; og fra *de andres* side øjner vi ringeagten gennem M.'s mistanke derom, læs det karakteristiske sted X, 36, hvor han tænker sig menneskene stå ved »den vise mand«s (dvs. filosoffens) dødsleje:»Så kan vi dog endelig engang komme til at trække vejret for denne skolemester.« — *Inden jeg endog glemmer hvem jeg selv er,* dvs. inden jeg kan blive smittet af de andres immoralitet; eller også blot: inden jeg lader min vrede løbe af med mig.

IX, 16: VIRKEN, IKKE TILSTAND

Hvad der er *godt* og hvad der er *ondt* for et menneske — det med fornuft og samfundsfølelse begavede væsen —, afgøres ikke efter hvordan han *har* det, men efter hvad han *udretter.* Dyd og udyd er ikke tilstand, men handling.

IX, 21: IKKE SÅ SLEMT

Standsning af en eller anden virksomhed af dig, ophør og ligesom afdøen af en eller anden interesse hos dig eller også af en anskuelse — det er da ikke noget slemt. Nu dine livsaldre: din barndom, din ynglingetid, din voksne tid, din alderdom; hver af disse overgange er ligeså: en slags afdøen — var *det* måske så slemt? Tag nu livsforholdene: først under din farfader, så under din egen moder, så under din fader. Også mange andre vekslinger og forandringer, og altså ophør, finder du. Spørg så dig selv: var det vel så slemt?

Så kan det da heller ikke være så slemt, når *hele* livet standser, ophører, forvandles.

M. beskæftiger sig meget med tanken om døden. Snart hilser han den med længsel som en befrier fra et trist liv; snart reducerer han den til at være ingenting og bruger dertil en vis spidsfindig logik som her og II, 17; undertiden opstiller han det sokratiske alternativ; enten tilintetgørelse eller forandring til noget bedre; snart har han den egentlige stoiske dogmatik: sjælens opgåen i kosmos.

Marcus' fader Annius Verus døde, da sønnen var 9—10 år gammel; denne kom da i huset hos og blev adopteret af sin farfader *Annius Verus,* der indtog de højeste embedsstillinger; her modtog han en fortrinlig opdragelse under de ypperste lærere; her fattede kejser Hadrian godhed for drengen og kaldte ham spøgende »verissimus«, den mest sandhedskærlige (hans familienavn var jo Verus, sandhedskærlig, »ægte«). Da Hadrian adopterede Titus *Aure-lius Antoninus (Pius)* for at få ham til efterfølger, adopterede denne efter Hadrians vilje den unge Verus, som altså nu hed *Marcus Aurelius Antoninus* og kaldte Antoninus Pius sin fader; han var da ca. 17 år. Sin rigtige moder *Domitia Lucilla* beholdt han til op i 30-årene. Selv blev han kejser (med en adoptivbroder Verus), da han var 40 år, og døde som enekejser efter 19 års regering; hans regeringstid er år 161—180 efter Kristus.

Alle de nævnte, også sine lærere, omtaler M. i nærværende skrift med tak og kærlighed; også sin hustru (*Faustina den Yngre*, datter af Antoninus Pius), skønt hun efter de historiske kilder vi har, ikke fortjente det. Et dårligt rygte har også hans adoptivmoder *Faustina den Ældre*, Pius' hustru, skønt denne gjorde megen stads af hende. (Dog — hvad karakterbedømmelser angår, når de ikke belægges med andre beviser end »rygter« hos en letskrivende histori-ker, må vi hellere sige, at vi véd ingenting.)

IX, 22: DØM RETFÆRDIGT

Il hastigt til dit eget inderste selv, så til alnaturens, så til vedkom-mende menneskes. Til dit eget, for at bibringe det vilje til retfær-dighed; til alnaturens, for at blive dig bevidst, at du er en del af den; til vedkommende menneskes, for at få at vide om hans fejl-trin var af uvidenhed eller med velberåd hu — dog husk tillige, at han er din frænde.

Dette sted opfatter jeg således: Det drejer sig om en forseelse mod Marcus. Dog behøver der ikke at foreligge noget bestemt tilfælde; snarere er det blot en teoretisk undersøgelse af, hvad der bør foregå i den samvittighedsfulde dommers, Marcus' egen sjæl, før han i et givet tilfælde udtaler sin dom. — Aller først må han *hos sig selv* sikre sig, at hans vilje til retfærdig bedømmelse af det passerede er stærkere end alle andre hensyn, stærkere fx end vreden der-over. — Dernæst må han huske at forseelsen ikke er tilføjet *ham* personligt som individ, men som repræsentant for *det almene* dvs. dommeren (Marcus) bør se sagen fra et alment synspunkt, som forseelse mod moralen. — Dernæst må dommeren *hos vedkommende* skønne, om fejltrinnet skete af uvidenhed eller af ond vilje. — Endelig bør dommeren, i bedømmelsen og fastsættelsen af eventuel straf, aldrig glemme, at *vedkommende er hans medmenneske.*

(Denne punktvise opstilling af overvejelser viser uden tvivl en smuk sam-vittighedsfuldhed, men er noget upraktisk, i alt fald til hurtige afgørelser, og noget vel udspekuleret — minder lidt om Poul Møllers licentiat, når denne skal fatte beslutninger.)

— *Inderste selv.* Der står »det til herredømmet skabte i dig«, »herskende sjæl«, altså din daimon, samvittighed. — *Af uvidenhed eller med velberåd hu.* Her støder M. stærkt an imod sit så ofte udtalte dogme (fra Platon), at *al* synd er af uvidenhed. — *Din frænde.* Dermed menes, som man ser det af mange steder hos M., dit medmenneske.

IX, 32: UDVID SJÆLENS SYNSKREDS!

Mange af de bekymringer som tynger dig, er overflødige, og du formår at fjerne dem fra dig, fordi de helt og holdent beror på din egen forestilling om dem.

[Og dette dit snæversyn kan du helbrede og ligesom] skaffe dig selv fri bane og vid synskreds, når du lader din tanke omspænde verdensaltet, sysle med begrebet evighed, betænke den hastige omskiften af alt muligt i denne verden af enkeltheder, hvor der er kort fra opståen til opløsning, men et bundløst svælg af tid forinden, og en ligeså grænseløs uendelighed bagefter.

Atter her den tanke, at det ikke er tingene, men vore meninger om tingene, som volder smerte eller glæde.
[Det i klammer satte har jeg måttet tilføje for at tilvejebringe en forbindelse der synes nødvendig.]

IX, 34: HVILKE MENNESKER!

Hvordan mon der egentlig ser ud i disse menneskers sjæle? Hvad er det dog for interesser de har! Og de ting som kan vække deres kærlighed, deres respekt! Det er som om disse småsjæle ligger blottede for dit blik. — Og *de* tror at kunne skade ved deres smæderier og gavne med deres lovsange! Det tror de! De må sandelig have en stærk tro!

Om atter dette er almindelig menneskeforagt, eller M. tænker på visse af hans omgivelser, véd vi desværre ikke. Desværre, for det er træk af M.'s karakter, vi her forbliver uvidende om.
Andre steder repeterer han, at det er hans pligt at elske menneskene. Det lader til, at i 9. bog er samlet den meste pessimisme.

IX, 35: »I DEN SKØNNESTE ORDEN«.

Hvad der ser ud som forsvinden, er blot overgang til noget andet; det har alnaturen nu engang sin glæde i, og så må alt jo være i den skønneste orden: både gik det fra evighed af på den vis, og det vil i al evighed blive et og det samme.

Hvorfor står du så dér og siger: »Jamen så både *gik* det dengang *ilde* med alting, og vil altid blive ved at gå ilde med alting« — — står dér og siger: »Altså mellem så mange guder har der aldrig nogen sinde opstået en eneste, som havde magt til at bedre dette forhold? Verden er altså dømt til en tilstand af evigvarende elendighed?«

Dybeste pessimisme. Den som »står dér og siger«, er M.'s fortvivlede sjæl, der ikke kan forstå at verdens notoriske elendighed alligevel må være »i den skønneste orden« (nemlig efter den stoicismens lære, at alt må være *godt* i kraft af selve det, at det *er*). Han *skal* tro det, men *kan* ikke. »Den skønneste orden« er da smertefuld ironi. En stoiker ironisk over for verdensordenen! Det er som en kristen der ironiserede over Vorherre.

IX, 40: OM BØNNER TIL GUDERNE

Enten har guderne ingen magt, eller de har magt. I første tilfælde, hvorfor beder du da til dem?

Men *har* de magt, så er der mening med bønnen. — Den almindelige måde at bede på er vel sådan: Giv at det eller det ikke må ske, eller: Giv at det eller det må ske. Men er det dog ikke nok så rationelt at bede fx sådan: Giv at jeg overhovedet ikke *frygter* det eller det; giv at jeg ikke *attrår* det eller det; giv at jeg ikke *græmmer* mig over det eller det? — for, hvis guderne overhovedet formår at hjælpe, så formår de ganske vist også at hjælpe på *den* måde.

Nej, vil du måske sige, det at frygte og sørge og attrå, det har guderne jo overladt i *vor egen* magt; er det så ikke bedre at bruge den magt vi har, til *selv* at skille os af med disse dårlige følelser? det er da mere mandigt end at stå over for guderne med trællesind og tiggerholdning og prange med dem om at få noget som vi ikke har i vor magt? Jamen hvem siger at guderne ikke kan medvirke også til de ting som vi *har* i vor magt? Prøv engang at bede om sådant, så skal du se! En beder: Bare jeg kunne komme til at sove hos den pige. *Du* derimod: Gid jeg aldrig må *få lyst* til sådan noget! — En anden beder: Gid jeg kunne blive fri for det eller det! *Du*: Gid jeg ikke må *føle trang* til at blive fri derfor. — En tredje: Gid jeg ikke må miste det barn! *Du*: Gid jeg aldrig må *ængstes* for at miste det. Giv i det hele taget dine bønner denne rigtige retning, så skal du se hvad der kommer ud deraf!

I den noksom omtalte stoiske tvedeling af tingene i vor magt og dem uden for vor magt, hører også vore meninger om tingene og vore følelser derover — frygte, attrå, græmme sig osv. — til første kategori.

Meningen i midterste afdeling af dette stykke (»Nej, vil du måske sige« osv.), som er klar nok, er kun fremkommet ved to steder at læse μοί istdf. σοί (Schenkls udg. s. 119 l. 3 og 4). Anførselstegnet skal nemlig først slutte to linjer senere end udg. har.

Slutningen: I den bønnens »retning« (dvs. det man beder om), som M. anbefaler, og som måske tager sig smuk og uselvisk ud, vil desuagtet svagheden vise sig ved det tredje eksempel, det med barnet. Hvor der virkelig er kærlighed til stede, vil ingen kunne nøjes med en bøn om blot at blive befriet for *ængstelsen*; dette er jo i virkeligheden grov egoisme.

IX, 42: NOGLE RÅD MOD VREDE

Når du støder på uforskammethed hos en person, så spørg lige straks dig selv: *Kan* der da lade være at eksistere uforskammede personer i verden? Nej det kan der ikke; forlang så ikke det umulige; dette menneske er jo netop en af hine uforskammede, som nødvendigvis må eksistere i verden. Det samme må du tænke når du står over for en bedrager, en troløs eller en anden synder af enhver tænkelig slags. Med det samme du siger til dig selv, at vedkommende *art* af syndere umuligt kan lade være at eksistere, med det samme vil du blive mildere stemt mod dem enkeltvis.

Meget praktisk er det også: straks at tænke på, hvilken *dyd* naturen har givet menneskelivet som modvægt mod den forkerthed der just er på færde. For naturen *har* virkelig givet ligesom en slags modgift, fx over for grov optræden har den givet dannet optræden, og lige sådan over for hvad som helst; der findes altid noget som virker modsat.

Du kan jo da endelig også *belære* den vildfarende — for ethvert menneske som fejler, gør det fordi han tager fejl af sin rette bestemmelse, man kan altså kalde ham en vildfarende. Men nu *skaden*? Ja hvad skade har han egentlig gjort dig? For du vil finde, at ingen af dem, du ægger dig op imod, har gjort noget sådant, at dit egentlige jeg, din tænkende sjæl, kunne blive forringet derved; *dér* nemlig, og kun *dér*, kan begrebet »ondt« og »skadeligt« finde anvendelse.

Hvad ondt eller påfaldende er der overhovedet i, at en uopdragen person opfører sig som en uopdragen person? Se til, om du ikke oven i købet skylder at drage *dig selv* til ansvar, fordi du ikke forud var på det rene med, at vedkommende ville begå netop den forseelse; du havde dog i din fornuft forudsætninger; du burde have tænkt dig til, at vedkommende ville begå den forseelse, og alligevel, du glemsomme! undrer du dig over, at han har begået den! Og ganske særligt når det er en troløs eller en utaknemmelig, din bebrejdelse gælder, ret så bebrejdelsen mod dig selv, for det er da øjensynligt *din* fejl, at du over for en person, hvis karakter vitterlig var troløs, byggede på at han ville bevare det du havde betroet ham; eller at du over for den utaknemmelige hvem du gjorde vel, ikke gjorde det med forståelse, det er, du forstod ikke, at *ved selve det at gøre vel* havde du allerede høstet al frugten af din handling.

Ja for hvad vil du mere, når du har gjort et menneske vel? Er det ikke nok for dig, dette: at du har udført noget som det var din naturbestemmelse at udføre? Forlanger du endda løn derfor? Det er jo ligesom øjet ville forlange gengæld for at det ser! Eller

fødderne for at de går! Ligesom øje og fod er skabt til noget be-
stemt, og når de udfører dette så godt de kan efter deres bygning
og indretning, så dermed basta, de har hvad de skal have; — li-
geså mennesket: det er skabt til at gøre vel, det er menneskets
bestemmelse; når man derfor har præsteret noget i retning af
velgørenhed eller på anden måde taget hånd i med til det fælles
bedste, så har man gjort det man er skabt til, ikke en smule mere,
man har ingen verdens ting at forlange.

Man kan af de særlige eksempler »troløs« og »utaknemmelig« måske for-
mode, at M. har haft i tankerne særlige oplevelser; det er temmelig tit, han
taler om »utaknemmelige«.

Den allerførst anførte grund til at man ikke må vredes over nogens ilde
opførsel — nemlig at ilde opførsel ikke kan lade være at eksistere — er fikst
hittet på, men holder ikke logisk.

— Også XI, 18 handler om vreden; ligeså to afhandlinger af Epiktet. Se-
neca har et større og glimrende skrevet værk »Om vreden«. Skønt det jo ikke
kan være andet, end at M.'s tanker på mange steder falder sammen med de
nævntes, vil han dog i formen, også i opfindsomhed, findes meget original.
Fjernt står han fra Senecas formfuldendte stil og udtømmende ræsonnemen-
ter.

X, 1: TIL MIN SJÆL

O du min sjæl, monstro du nogen sinde vil blive som du skulle
være? oprigtig og ens og kun dig selv? nøgen og opladt og mere
åbenbar for alle, end det legeme der omslutter dig? Vil du mons-
tro nogen sinde smage lykken ved en tilstand i fuldkommen glæ-
de og kærlighed? O min sjæl, endelig engang være mættet, ikke
trænge til noget, ikke savne noget, ikke attrå noget hverken le-
vende eller livløst til at vinde nydelse af, ikke tid for at forlænge
nydelserne, ikke sted til at skifte med andet sted eller få et sun-
dere klima eller komme til andre mennesker man kunne holde
mere af! O min sjæl, komme i en tilstand som du er nøjet med,
hvor du er glad ved alt hvad der er hos dig, hvor du kan tro dig
selv, når du siger: »Nu har jeg alt, og alt er for mig som det skal

være, alt har jeg fra guderne.«

Ja til det gode vil alt falde ud, hvad der er gudernes vilje, også alt hvad de måtte ville give sjælen til at opnå samkvem med det fuldkomne væsen, det fuldkomment gode og herlige væsen, som er ophav til alle ting, indeslutter og omfatter alle ting, hvilke kun opløses til frembringelse af andre ligedanne ting.

O min sjæl! Vil du mon nogen sinde blive sådan, at du i alnaturens rige kan være medborger med guder og mennesker, en medborger uden misnøje og uden anstød.

Dette er vel et af de skønneste steder i M.'s bog. Oversætteren må imidlertid tilstå, at ordet »samkvem« (mod slutningen) beror på en konjektur, for at blive fri for en formentlig forrykt tanke.

Blive som du skulle være. Tekstens ord (αγαθός) plejer at oversættes ved »god«, men udtrykker hos stoikerne noget meget mere, omtrent = »fuldkommen«. Sammenlign evangelisten Markus 10, 17—18, hvor Jesus siger: »ingen er *god* uden Gud«; evangelisten skrev omtrent hundrede år før kejser Marcus Aurelius. — »*Nu har jeg alt*« osv. Teksterne varierer her meget; meningen er den samme.

Medborger med guder og mennesker, nemlig i et verdensborgerskab, i kosmos.

X, 14: HENGIVENHED

Alnaturen giver alt, den tager også alt tilbage til sig. Det moralsk udviklede menneske siger til alnaturen: Giv hvad du vil, tag hvad du vil. Han siger det ikke med trods og bitterhed, men i fuld og lydig hengivenhed.

Sml. Job: »Herren gav, Herren tog, Herrens navn være lovet.« Og dog, hvilken forskel: den ene tror på en herre og fader, som lever og hører og kan forbarme sig; den anden råber sin længsel, sin »hengivenhed« ud i det tomme verdensrum efter en abstraktion, efter en glose.

X, 15: LEV FOR ALLES ØJNE

Kun en stakket tid har du tilbage her. Lev den tid som på et bjerg for alles øjne. Det gør ingen forskel, om det er *her* eller *der* man lever, når man kun overalt i kosmos er som i en stad: lad kun menneskene se dig, lad dem i dig rigtigt erkende et sandt menneske, en der lever som naturen har bestemt det. — Kan de ikke tåle dig, så lad dem slå dig ihjel. Det er bedre end at leve *sådan.*

Leve sådan, nemlig som jeg lever. (Andet kan vel ikke underforstås.) Dette synes fortvivlet mands tale. Som ægte stoiker — siger Marcus — står jeg ganske isoleret mellem disse uforstående mennesker. Som eneste eksempel på et rigtigt ført menneskeliv — ført efter naturen, efter kosmos — står jeg her som på et bjerg, for menneskeverdenens øjne. Men i stedet for at tage lære af eksemplet, spotter de mig, hader de mig. Min ensomhed, min miskendelse er forfærdelig. De må hellere slå mig ihjel, så er der ende på dette uudholdelige liv. — Kan nogen finde anden forklaring på dette stykke?

X, 16: VÆR DET S E L V!

Hold ganske op med disse foredrag om, hvordan »den gode mand« bør være; vær det *selv!*

X, 17: ET KORN, EN OMDREJNING

Lad forestillingen om den grænseløse tid og det grænseløse verdensalt virke på dig. Og at alle disse jordiske enkeltheder, sammenlignet dermed, er: i størrelse — et hirsekorn; i tids-varighed — omdrejning af en skrue.

X, 22: VÆR VED GODT MOD!

Enten bliver du ved at leve *her* — og det har du jo vænnet dig til. Eller du bliver flyttet væk fra det — og det ville du jo selv gerne. Eller du dør helt bort — og så er din hoveritjeneste forbi. Flere muligheder er der ikke. Vær derfor ved godt mod.

AF X. 28: FØLG FRIVILLIG!

Enhver den som viser ubehag eller misfornøjelse med noget, hvad det end er, forestil dig ham i lighed med en gris der trækkes

til slagtebænken, den sparker om sig, og den skriger — — —
tænk så på, at ene mennesket har fået den gave, *frivilligt* at følge
sin skæbne — *frivilligt* følge, siger jeg, for bare *følge* den, det er
der ingen kunst ved, det må alle.

Sml. det i noten til IV, 23 af Epiktet citerede vers af Kleanthes.

X, 30: GRIB I DIN EGEN BARM

Når du tager anstød af andres forseelser, så grib straks i din egen
barm og tænk på, hvad du selv begår af fejl som vejer den andens
op: for eksempel om du sætter pris på penge, eller også på sanse-
lyst, eller mulig det de kalder anseelse, og så videre, du véd nok
selv. For, når du kommer ind på *det*, så skal du nok snart glemme
din vrede på den anden — især når du også tager i betragtning,
at han jo var under tvang — for hvad kan sådan en gøre andet
end sådan noget?
Medmindre du — ja hvis du kan, så befri ham fra den tvang!

M. har, som stemningsmenneske, forskellige måder at stille sig på over for
menneskenes immoralitet: enten med den største harme og bitterhed, eller
med den største ligegyldighed, som om sagen ikke kom ham det mindste ved,
eller — som her — med den største overbærenhed; denne motiverer han hyp-
pigst med det platoniske, at synd kun er uvidenhed; et par steder (som her)
med at vedkommende jo er nødt til at synde, for sådan er hans natur. Den
smukkeste motivering af overbærenheden er dog (også som her) henvisningen
til at gribe i egen barm.

Befri ham fra denne tvang, nemlig ved belæring, »for det er jo åbenbart,
at når man bliver bedre underrettet, så vil man holde op at gøre det som man
gjorde i sin uvidenhed« (Sokrates' apologi).

Tankegangen i dette stykke er den samme som hos Seneca: Om vreden I,
kap. 14.

X, 35: VÆR BELAVET PÅ ALT!

Det sunde øje må kunne se *alt*, hvad der overhovedet er synligt,
og ikke sige: »Tak, må jeg bede om ting som er grønne«; for det
er netop kun den øjensyge som siger det. Ligeså hørelsen og lug-

tesansen; er de normale, så må de være belavede på at høre og på
at lugte alt hvad der kan høres og lugtes. Også ens mave, når den
er rask, må være belavet på uvægerligt at modtage alt spiseligt
uden at gøre forskel, ligesom en møllekværn er lavet til at knuse
alt, hvad man giver den at male.

Således også med ens *sjæl.* Er den sund, bør den være lige be-
redt over for alle tilskikkelser; den sjæl, som siger: »*Mine* små-
børn, de må ikke komme noget til«, eller: »Hvad *jeg* gør, det
skal alle mennesker rose« — den sjæl er øjet som forlanger kun
grønne ting, eller tænderne som forlanger kun blød mad.

X, 36: SKILSMISSEN

Ingen er så lykkelig, at der ikke ved hans dødsleje vil stå nogle,
som med glæde hilser ens »sørgelige bortgang«. Jeg sætter, at
det var en betydelig mand, en vis mand; til slut vil der dog være
en og anden som siger ved sig selv: »Så kan vi dog endelig engang
komme til at trække vejret for denne skolemester. Sådan egentlig
ubehagelig var han vel ikke mod nogen af os, men jeg mærkede jo
nok, at han i sit hjerte satte os temmelig lavt.«

Det var nu med den betydelige mand. Men nu med *os;* hvor
mange andre grunde er der ikke til, at en mængde mennesker nok
går og ønsker at blive af med os! Det må du have i tankerne, når
du ligger på dit yderste, så vil det være dig lettere at vandre heden,
idet du tænker som så: »Det liv, jeg nu forlader, det var sådant, at
endog *de* som deltog med mig deri, mennesker for hvem jeg har
lidt og stridt og bedet og haft så mange bekymringer, endog *de*
ønsker nu at jeg skal pille af, og de spekulerer sandsynligvis i en
eller anden behagelighed i den anledning; hvorfor skulle man så
klamre sig til et forlænget ophold her?«

Dog må du ikke af den grund gå bort med et mindre blidt
sindelag mod dem; du må blive dine principper tro; du må for-
blive venlig og velsindet og vise dem et mildt ansigt; dog, på den

anden side, din bortgang fra dem behøver heller ikke at være som om du blev *revet* fra dem; men, ligesom ved en let død sjælen så lempeligt vikler sig ud af legemet, *sådan* bør din fjernelse fra dem være — for også med *disse* sammenknyttede og forbandt alnaturen dig jo, og nu løser den selv båndet. Ja jeg løses fri, som fra husfæller, visselig stritter jeg ikke imod, nej, om tvang er der ikke tale. For det der sker med mig, denne løsning, også den hører ind under alnaturens ordning.

Denne bitterhed, og denne overbærenhed! Hvor smukt dette stykke end er, så rejser sig let den tanke, om ikke også en vis selv-nyden har ligget i M.'s sjæl. Tydeligvis er ikke blot den »os« i anden afdeling, men også den »betydelige og vise mand« i første afdeling, Marcus selv.

X, 37: MOTIVET?

Væn dig til, såvidt muligt ved enhver handling af en anden, så at spørge ved dig selv: hvad mon nu hans *motiv* har været?

Dog begynd med dig selv; *du selv* skal være den første som du undersøger.

X, 38: LEGEMET ER IKKE MENNESKET

Når du ser en marionetforestilling, så husk, at hvad der trækker i snorene, det er skjult inde bagved; dér er det som taler, det som sætter spillet i gang, dér er — om jeg så må sige — manden bag dukkerne.

Så må du da, når du forestiller dig, hvad et »menneske« egentlig er, ikke tage med i din betragtning det som ligger uden om ham, for det er bare ligesom hylsteret; heller ikke disse organer, der er sat til uden på ham, for de er at sammenligne for eksempel med en økse i hånden på en snedker, blot med den forskel at *de* sidder fast; for hvis den kraft, som holder dem fast og bevæger dem, tænkes borte, så er der ikke mere nytte ved disse organer, end der er ved væverskyttelen, når der ingen væv er, eller ved en pen, når ingen skriver med den, eller ved en pisk uden kusk.

Billedet fra marionetforestillinger er oftere brugt af Marcus, men med en anden anvendelse (det sanselige menneske er en marionetdukke, som lidenskaberne trækker i).

XI, 3: SJÆLEN SKAL VÆRE BEREDT

... som sjælen er, den beredte sjæl, når den skal til at løses fra legemet for enten at udslukkes eller adspredes eller forblive samlet. Men denne beredelse må ske ifølge dens egen vilje og overbevisning, ikke af den pure oprørsånd som hos de kristne, men efter fornuftmæssig overvejelse og i dybt alvor. Og sådan at andre kan tage eksempel deraf, uden al dramatisk effekt.

Atter de tre muligheder for sjælen efter døden. »Adspredes« kan igen tænkes dobbelt: den epikuræiske i atomer, eller den stoiske indsugning i den levende alnatur kosmos. — *De kristne.* Se noten til III, 16. — »Oprørsånd«. At vedk. græske glose på dette sted har denne betydning (stridbarhed, halsstarrighed, bare for at være imod, e. l.), ses tydeligt af tilsvarende gloses betydning VIII, 48.

XI, 8: DEN AF HUGGEDE GREN

En gren som er hugget løs fra grenen den hang sammen med, er nødvendigvis med det samme hugget løs fra hele træet. Sådan også et menneske: har han sagt sig løs endog blot fra *ét* menneske, så har han løsnet sig fra menneskehedens ubrudte fællesskab. Se, grenen, den hugger ikke sig selv af; mennesket derimod skiller sig *selv* fra sin næste; han gør det ved at hade og vende sig fra ham, og véd ikke, at han med det samme har skåret sig løs fra det ubrudte samfundsforhold.

Dog, Zeus, som har indstiftet samfundet, han har skænket os en nådegave, denne: man kan atter vokse sammen med det man oprindelig hørte sammen med, og atter komme til at fungere som part i helheden. Dog: en sådan afbrydelse, når den sker mere end én gang, så gør den helingen og genoprettelsen såre vanskelig for det skilte ledemod. Ja mere endnu: den efter afhugningen på ny indpodede gren, den bliver ikke *ganske* ens med den gren som fra begyndelsen af og uden afbrydelse har bevaret enheden i vækst og liv sammen med moderstammen — det er noget som gartnerne véd besked om.

Anvendt på menneskene: Man kan nok *vegetere* sammen med dem, men *tænke* sammen med dem, det kan man ikke.

Sml. VIII, 34 om det afhuggede ledemod. Men i nærv. stykke er der sat til, at sammengroningen aldrig vil blive så fuldstændig som den oprindelige forbindelse.

At fraskillelse blot fra *ét* menneske skulle betyde fraskillelse fra menneskeheden, er en overdrevet tanke — om der end ligger en fin følelse bagved. Men andetsteds søger M. netop i *isolationen* fra menneskene lindring for sin bitterhed mod dem (V, 33: »hold dem fra livet«); M. er stemningsmenneske og i sine udbrud ikke konsekvent.

»*Zeus*«, som har indstiftet samfundet, er kosmos personificeret, — *Nok vegetere sammen, ikke tænke sammen.* De to græske gloser herfor er nylavede af M.; det sidste, »ikke tænke sammen«, betyder ordret: »ikke have fælles anskuelse med«, altså, efter M., ikke have inderlig livsforbindelse med, for for M. er et menneskes livsanskuelse (tænkemåde, moral) kriteriet på hans værd som menneske, se IX, 3 — ganske modsat den moderne behageligere liberalitet, at man kan være lige god, hvilke meninger man end har.

XI, 9: BLIV DEN DU ER

De som vil hindre og hæmme dig når du skrider frem ad fornuftens rette vej — ligesom de ikke vil formå at afholde dig fra at handle som ret er, således må de heller ikke kunne bevirke at du mister din godhed for dem. *Bliv den du er* i begge henseender: stå fast i din egen velbegrundede bedømmelse af vedkommende forhold og din deraf følgende handling, men vær også fast i dit sindelags mildhed mod dem der søger at hindre eller chikanere dig. For også *det* er svaghed: at fortørnes på disse mennesker; ligesom det er svaghed at slippe sin gerning og lade sig forskrække til at give op.

Hver mand har sin post i livet, man står i geled; og enten man stikker af som kujon, eller man bryder linjen af sine stammefæller og venner, så er man i lige grad en forræder.

AF XI, 13: HANS SAG OG MIN SAG

Vil en foragte mig? Det bliver hans sag. Men *min* sag bliver det, at jeg ikke gør eller siger noget, som i sandhed er foragt værd. Vil en hade mig? Det bliver hans sag. Men *jeg* har at være velvillig og velsindet mod enhver, og parat til at vise selve den som hader mig, at han har set fejl; og dette må jeg ikke gøre på en sårende måde, eller sådan at det bliver til udstilling af min smukke overbærenhed, nej, men i al oprigtighed og godhed.

XI, 14: SÅDAN ER FOLK

De foragter hinanden — og dog gør de sig lækre for hinanden. De vil overtrumfe hinanden — og dog lægger de sig på maven for hinanden.

XI, 15: DET STÅR SKREVET PÅ PANDEN

En siger: »Du kan tro jeg skal være oprigtig over for dig.« Hvor mistænkelig og uægte en tale. Hvad er det for en manér, menneske? *Det* behøver man da ikke at forkynde. Det vil jo vise sig med det samme. Det skulle jo allerede stå skrevet på din pande, de ord: »Det er som jeg siger«; det stråler jo straks ud af øjnene, ligesom den elskede straks ud af sin vens blik kan læse alt. Den retskafne og gode mand skal være — ja rent ud sagt, han skal ligne en der har det med at svede, ligne ham deri, at med det samme man nærmer sig, så kan man mærke ham, enten man vil eller ej. Men den kunstlede oprigtighed, det er en dolk i ærmet, det er ulvens venskab i fabelen; der gives ikke noget afskyeligere. Fy for en ulykke, fly det, det er det farligste af alt. Men god, ærlig, kærlig — det står altsammen at læse i øjnene på den, som *er* det.

Det kan ikke forblive skjult.

De ord: »det er som jeg siger« osv. Teksten er lidt usikker, Stichs anordning synes fornuftigst.

Ulve-venskab. Sigter vel til den æsopiske fabel, hvor ulvene sluttede et falsk venskab med fårene.

XI, 18: TI LEVEREGLER MOD VREDE

Først må jeg have klaret, hvilken min stilling og mit forhold er over for vedkommende: at de og jeg nemlig er *skabt for hverandres skyld*. Fra et andet synspunkt, så er jeg jo deres foresatte, som vædderen i fåreflokken, tyren i oksehjorden — — nej, om igen, begynd forfra:
»Hvis man ikke skal tro på atomer, så er det *kosmos* der ordner alt. Er dette tilfældet, så er de lavere ting blevet til for de fuldkomneres skyld, og disse for hverandres skyld. Altså er de og jeg skabt for hverandres skyld.«

For det andet må jeg vide, hvordan de mennesker *er*, ved bordet, i sengen, og så videre —; men navnlig hvilke grundsætninger og anskuelser de har sat sig som faste principer for deres livsførelse; og så for resten også, hvorvidt de kan lade være at gøre blæst af disse deres grundsætninger.

For det tredje: Hvis alt det ovenfor er i sin orden, så er der altså ingen grund til utilfredshed med dem. Er det *ikke* i sin orden, så er det jo øjensynligt mod deres vidende og vilje. For, som du véd, »enhver sjæl undværer kun mod sin vilje sandheden«, hvoraf følger, at den også kun mod sin vilje undværer det at opføre sig korrekt mod enhver — det er jo netop derfor, at vedkommende ikke kan udstå at høre at de er uretfærdige, brutale, anmassende eller hvad de nu kan have for ubehagelige egenskaber.

For det fjerde, at du også *selv* ofte forsér dig og altså selv ikke er en smule bedre; er der end visse synder som du vel nok for så vidt afholder dig fra, så har du dog måske i dig anlægget og tilbøjeligheden til dem, og din afholdenhed skyldes da kun frygt, eller trang til ros, eller lignende dårlig grund.

For det femte, at du ikke engang, om de fejler, har fuld garanti for rigtigheden af din *bedømmelse* deraf...... I det hele taget, for at man med fuld forståelse skal kunne udtale sig om andres handlinger, så er der mange momenter, man først må være på det rene med.

Sjette. Når din ærgrelse er meget stor, eller du ligefrem geråder i affekt — ja hvad er så hele livet i grunden for en bagatel? Om en lille stund ligger vi alle lig.

Syvende. Disse menneskers handlinger besværer i grunden ikke *os* — deres handlinger hører jo til *deres* personligheder —; det er kun vore *forestillinger* derom, som besværer os. *Dem* kan du da fjerne, det er blot en viljes-sag; lader vi være at forestille os sagen som noget grueligt, så er vreden med det samme gået over.
...

Ottende. Vreden og ærgrelsen, vi føler ved sådanne ting, medfører langt større ubehageligheder end selve den sag er værd, hvorover vi vrededes og ærgrede os.

Niende. Det velvillige sindelag er noget uovervindeligt, hvis det er ægte og ikke er indbidt arrigskab eller også forstillelse. Lad det være den frækkeste karl — hvad kan han gøre dig, han bliver jo afvæbnet, hvis du vedbliver at være venlig mod ham og ved given lejlighed sagtmodig taler godt for ham, og — måske netop når han går og spekulerer på ondt mod dig — så giver dig god tid og retleder ham:»Ikke så, min søn, ikke så; vi er skabt til noget bedre, vi to. Det er jo ikke *mig* der vil lide skade derved, men *du* vil lide skade, min søn.« Og så viser ham, skånsomt og i al almindelighed, at sådan og sådan *er* det, og heller ikke bierne bærer sig sådan ad, eller alle andre skabninger der er født til at leve i fællesskab, og så videre. — Men pas på, at du ikke ved sådan lejlighed kommer med ironi eller sarkasmer og udfald, det må altsammen ske med godhed og uden nag i sjælen, og ikke som en skolemester, eller for at en mulig tilhører kan beundre dig, men helst på tomandshånd ...

Dér har du disse ni kapitler, tag dem som gaver fra de ni mu-
ser, så kan du endelig engang begynde at blive et menneske — så
længe du da får lov at leve.

Husk dog: lige så galt det er at *vredes* på dem, lige så forkert
er det at *smigre* dem: begge dele er imod naturens fællesskabs lov
og fører til fordærv.

Mærker du at du er ved at blive vred, så hør en sandhed: Ikke
det at fare frem med vrede er mandigt; men jævnmod og ro, lige-
som de er mere værdige for et rigtigt *menneske*, så er de det altså
også for en rigtig *mand*. Styrke og spændkraft og mandsvilje har
i virkeligheden den rolige mand mere af end den som himler op
og er arrig. Jo mindre lidenskabelighed, des mere kraft. Græm-
melse er et svaghedstegn, men vrede er det også. I begge tilfælde
er vedkommende såret, og en såret har mistet sin styrke.

— Men hør. Vil du, så tag endnu en gave, den *tiende* —, vi kan
sige den er fra musernes fører. Forlange at slette personer ikke
skulle gøre slette streger, det er vanvid, det er at forlange umulig-
heder. Og tilstede dem at forsé sig mod *andre*, men fordre at de
ikke må gøre det mod en selv, det er da fuldkommen urimelighed
og despoti.

Også IX, 42 indeholder råd mod vreden. Se noten dertil.

Afsnit 1 er svært at forstå, også på grund af tekstvanskeligheder. Jeg har
opfattet det som lune, halvt spøgende alvor (hvilket ingenlunde ligger M.
fjernt). Efter at have anført det for stoisk samfundsmoral grundliggende prin-
cip, at menneskene er til for hverandres skyld, anfører M. dernæst de unæg-
telige forhold, at han jo tillige er deres kejser og hersker. Men deri ligesom
afbrydes han af den stoiske skolárkh, skolemesteren:»Skam dig at komme
med sådan noget; at du er kejser, vedkommer ikke stoas moral; her er du kun
et menneske mellem andre mennesker, derfor om igen! hold dig til det første,
det med at vi alle er til for hverandres skyld.« — Så repeterer M., som eleven
over for læreren, dette grunddogme, idet han (som efter katekismen) forud-
skikker motiveringen:»Hvis man ikke« osv.

Hvis ikke atomer osv. Dvs..:»Hvis man ikke kan tro på atomer, og det
kan man ikke, så må man tro på det ordnede og ordnende kosmos.« Samme
bevisførelse har M. brugt før. — *Menneskene skabt for hverandres skyld.* Altså

må man behandle alle, også syndere, med kærlighed.

Afsnit 2. Et menneskes grundsætninger er det vigtige kriterium for et menneskes værd. Samme tanke XI, 8. Helt misforstået af Hansteen. — *Ved bordet, i sengen.* Dvs. velopdragenhed, kyskhed.

3. Al synd er uvidenhed. Det ofte omtalte yndlingspostulat (fra Platon). — *Enhver sjæl undværer kun mod sin vilje sandheden* skal være sagt af Platon, se noten til VII, 63.

4. Meget smukt og træffende. Seneca siger (Om vreden III, 26): Se nøje på din sjæls virkelige tilstand: Selv om du ikke virkelig *har* gjort det eller det, så *kan* du gøre det.

5. Et sted i midten (.....) er mig uforståeligt.

7. Ofte dette stoiske fund, at ikke tingene, men kun vore *forestillinger* om tingene berører os, og disse forestillinger er i vor egen magt. Også Epiktets Håndbog kap. 5.

9. Hvor smukt hele dette sted end lyder, så er det dog en optimisme, som ikke altid slår til. Og M. selv taler jo ellers jævnligt med den største pessimisme om menneskenes karakter. — Dette med ironien og skolemestertonen er derimod en fuldtræffer. — *Ikke jeg, men du vil lide skade.* At den krænkende, ikke den krænkede lider skade, er (sokratisk) platonisk; M. kommer ofte tilbage dertil. Ligeså Epiktet, håndbogen kap. 42. — Slutningens tekst er korrupt.

Endelig engang begynd at blive menneske dvs. bliv filosof dvs. bliv stoiker i dine principer og livsvandel. Stoicismen er en religion, det haster med at antage den. Derom taler Epiktet i sin håndbog kap. 51. — *Musernes fører,* Musagetes, Apollo. Marcus slutter spøgende, som han begyndte spøgende.

XII, 4: ANDRES MENING OM EN

Mangen gang har jeg undret mig, hvordan det dog kan gå til, at mens enhver jo sætter mere pris på sig selv end på alle andre, så sætter han dog sin egen dom om sig selv lavere end andres. Om fx en gud eller en vís lærer kom hen og bød, at man ikke måtte huse en eneste forestilling eller tanke, uden at man lige straks forkyndte den højt og lydeligt, så skulle man nok have sig den ordre frabedt, endog bare for en eneste dag. I den grad undsér man sig mere for andre mennesker, hvad *de* monne tænke om os, end man undsér sig for sig selv.

»Højt og lydeligt« beror på en smuk ældre konjektur.

AF XII, 5: QUAND MÊME

Hvor kunne dog guderne, som har indrettet alt så smukt og menneskekærligt, hvordan kunne de dog lade dette ene passere, at nogle af menneskene — jeg tænker netop på de fromme, dem der ligesom mest har dokumenteret deres sindelag over for det guddommelige, og ved fromme gerninger og religiøse pligters udøvelse i størst mål har gjort sig fortrolige med det guddommelige —, hvorfor disse, efter alt dette, lige så snart de er døde, så pludselig ikke eksisterer mere, men er totalt udslukte?

Ja — *hvis* dette virkelig forholder sig så, nemlig at de *er* udslukte — vær da overtydet om, at hvis det *burde* have været anderledes, så havde guderne også indrettet det anderledes; var det rigtigt, så havde det også været muligt; var det efter naturen at sjælene beholdt liv, så havde naturen også bevirket at de beholdt liv. Ud af selve den omstændighed altså, at det ikke *er* sådan — *hvis* det altså ikke er sådan — kan du med sikkerhed drage den slutning, at det heller ikke *burde* have været sådan?

Stoikernes mening om sjælens tilstand efter døden var ikke fast. Vi har ovenfor talt om deres forskellige tanker herom. Den fremherskende mening mellem dem var vel nok, at sjælen efter døden optages i kosmos uden bevarelse af individualitet. I tilintetgørelsen fandt deres dogmatik ingen gru; i den jeg-berøvede sammensmeltning med kosmos argumenterede de sig — halvindisk — til en slags salighed. Men da den naturlige følelse, fastholden ved jeg'et, hos stoikerne som hos andre mennesker er stærkere end al argumenteren, så findes der stundom også en udvej til individualitetens bevarelse, hos M. udtrykt som en »bliven sammen« eller en »forvandling« til en anden tilstand; det er dette sidste, som M. i nærv. stykke lader skinne igennem med sit *to* gange gentagne udhævede *hvis*.

Fuldkommen stoisk er dernæst bevisførelsen: Det *er* således, altså må det være *rigtigt* således. En sådan følgeslutning hører ikke under logikken, men under troen og er at kalde religiøs; stoikernes tro på kosmos er i virkeligheden en religion. Derfor identifikationen af »guderne«, »det guddommelige«, »naturen«, »alnaturen«, »kosmos«.

Man mærker i nærv. lille stykke, som også ellers hos M., en vis desperation, som både er sympativækkende og såre tragisk. At »guderne« lader de frommeste mennesker tilintetgøres, er grusomt af dem og uretfærdigt, og grueligt at tænke på; dog, hvis de gør det, må det jo alligevel være i sin orden. Hvis dette ikke er en Abrahams tro før ofringen af Isak, så er det desperation: »Jeg forstår ikke et muk af det hele.« — *De bedste mennesker, der har dokumenteret deres sindelag* osv. Utvivlsomt tænker M. her på sig selv, som jo med skrupuløs nøjagtighed overholdt alle religiøse pligter. Stykket får herved en personlig farve, som gør det tragisk.

XII, 6: VÆN DIG DERTIL!

Du kan ikke mere? Snak. *Vanen* gør alt, *væn* dig dertil! Hvordan er det med din venstre hånd? Ingenting ellers kan den, hvorfor? Fordi den ikke er vant til noget. Jo, én ting kan den: holde tømmerne, det er *den* bedre til end højre hånd. Hvorfor? Den er *vænnet* dertil.

XII, 14: DET ENESTE FASTE

Enten en fastsat nødvendighed, en ubrydelig ordning — eller et forsyn som hører menneskers bønner — eller et rørsammen af tilfældigheder uden styrelse.

Er det en ubrydelig nødvendighed, hvorfor stritter du da imod? — Er det et forsyn som modtager henvendelser, så gør dig værdig til den guddommelige bistand. — Men *er* det et rørsammen uden ledelse, nu vel, så vær glad, at du i en sådan brænding har i *dig selv* en åndsmagt der kan føre og lede. Og selv om brændingen griber dig, så lad den da gribe, men kun det den *kan* gribe; din smule legeme, din stakkels livsånde og hvad dertil hører; din *ånd* skal den nok lade være at tage fra dig.

XII, 22: OMKRING PYNTEN

Ikke tingene, kun den *mening* vi har om tingene, betyder noget. Og den mening beror på dig selv; når du vil, kan du aflægge den. Da er det ligesom til søs; du drejer om pynten — havblik — alt ombord roligt — ind i bugten — ikke en bølge.

Den første passus er det bekendte stoiske yndlingsdogme, dog kun halv sand-hed. Disse elleve ord, oversættelsen har måttet bruge, er i græsk koncentreret i *to* ord: »alt (er) formening«; dette blev stoisk slagord og bruges fx i næste stykke. — At man kan aflægge meningerne ved en blot viljesakt, er derimod helt falsk, det tåler kendsgerningerne ikke, de er hårde krabater.

XII, 26: NOGLE STOISKE LÆRESÆTNINGER I KORT BEGREB

Når du er meget ilde ved noget der sker, så er det fordi du har glemt *det*, at alting sker efter naturens ordning. Og glemt *det*, at andres forseelse bliver andres sag. Dertil også glemt *det*, at alt hvad der sker, skete også tidligere og vil altid ske på samme måde og sker også nu overalt. Og *det*, at hvert menneske står i det store slægt-samfund med hele menneskeheden, et fællesskab vel ikke i blod og sæd, men i verdensånden. Du glemte også *det*, at hvert menneskes ånd er en gud, en udstrømning hisset fra. Og *det*, at ingen ting er nogens eget eje, men endog ens barn, ens legeme, ja ens livsånde, er kommet hisset fra. Og *det*, at »alt er forme-ning«. Og *det*, at hver lever kun det moment man i øjeblikket lever; mere end dette moment mister man altså heller ikke ved døden.

Alle disse tanker har været fremme i de tidligere oversatte stykker. Lidt frem-med er dog det, at også ens *legeme, livsånde*, er kommet »hisset fra«, dvs. fra samme hellige sted, hvorfra guden i vor sjæl er udstrømmet, nemlig fra alguden, gud kosmos. Denne ligestilling af det foragtelige legeme med gud daimon i vor sjæl er ikke rigtig stoisk — skønt stoikerne jo konsekvent er nødt til at regne også legemerne for dele af kosmos.

XII, 28: GUDERNE ER TIL

Til dem der spørger: »Hvor har du sét guderne, eller hvorfra har du viden om deres tilværelse, siden du tilbeder dem?«

Svar: For det første *kan* de også sés med øjet. Men dernæst: Heller ikke min egen sjæl har jeg jo set, og dog ærer jeg den. Det gør jeg også med guderne: De erfaringer jeg ved enhver lejlighed gør om deres magt og virken, ud af dem både véd jeg at de er *til*, og viser dem ærefrygt.

Denne smukke, men ikke beviskraftige analogislutning fra sjælens tilværelse til gudernes tilværelse har også Cicero (i Tusculanerne I, § 70), blot med den forskel, at hos Cicero er det »gud« i ental, her »gud*er*«. Analogien er vel ældre endnu.

Marcus' og stoikernes tro på guderne som repræsentanter for kosmos' forskellige sider, med konservativ tilpasning til folkets tro og til den officielle kultus, er berørt i indledningen og andre steder. — *De kan sés med øjet.* Læg mærke til, at M. ikke siger: *Jeg* har set dem med øjet. Han tænker da vel på mytologiens legender, eller på senere mirakelhistorier, eller på drømme..

Min egen sjæl ærer jeg, nemlig den »herskende« del af sjælen, som også er hans daimon, en udstråling af kosmos.

XII, 29: FÅ DET BEDSTE UD AF LIVET

Du får ud af livet hvad du kan, når du tager hver ting og hvert mødende tilfælde skarpt i øjesyn, for rigtigt at gennemskue hvad det egentlig *er* — både fra den materielle side og det åndeligt tilgrundliggende, dets formål og idé.

Og så, når du af hele din sjæls formue gør hvad ret er, og taler hvad sandt er.

Er der mere? Intet uden at du så får det gode ud af livet, når du føjer den ene gode gerning til den anden som på en ubrudt snor; og der må ikke være det mindste tomme mellemrum i denne perlekæde.

Tage de mødende ting og tilfælde skarpt i øjesyn osv. Hermed menes ikke i videnskabeligt, men (som man ser af lignende steder) i moralsk øjemed, for nemlig at gennemskue de ydre tings liden værdi. — *Åndeligt tilgrundliggende, formål og idé.* Alt det ligger i den ene græske glose (ordret: »det årsags-agtige«), hvilket er blevet filosofisk terminologi, modsat »stoffet«.

Dette lille stykke er et af de smukkeste i M.'s værk.

XII, 36: GÅ DA BORT OG VÆR TILFREDS

Menneske! du har haft borgerret i denne store stad; kan det så ikke være dig det samme, om i kortere eller længere tid? Ikke tidens længde kommer det an på, men stadens lov og ret, *den* er ens for den ene som for den anden. — Hvad slemt er der i nu at blive skikket bort? Den som skikker dig bort, er jo ingen tyran, ingen uretfærdig dommer, men alnaturen, den samme som førte dig ind! Som når en skuespiller efter endt rolle bliver aftakket fra scenen af teatrets chef, den samme som havde antaget ham. »Jamen jeg fik ikke spillet i de fem akter, men kun i de tre.« »Ganske rigtigt, min ven. Men dette livs drama er nu ikke længere end de tre akter.«

For hvornår der skal sluttes, det afgør den, som engang bestemte dig for tilværelsen og som nu afskediger dig fra den. *Du* har ikke noget at gøre med antagelse og afskedigelse. Gå da bort og vær tilfreds. Også chefen, der skikker dig bort, er tilfreds.

Denne store stad er naturligvis ikke Rom, men kosmos. — Billedet med *skuespilleren* passer, for skuespillere var dengang ikke fast engagerede til teatret. Havde jeg oversat ved »statist« eller »figurant«, så ville en nutidslæser have fundet billedet rigtigere, men oversættelsen af det følgende måtte da have skiftet karakter og fjernet sig for meget fra teksten.

— Med dette stykke slutter M. sine »Tanker«, og det på en værdig måde. Som så ofte, har han døden for øje, »glad og tilfreds«, siger han. Dog, efter gennemlæsningen af hele værket kan man næppe tro rigtigt på at han var glad og tilfreds, og det hverken med livet eller med døden. 1 dybet af hans sjæl synes der at have ligget fortvivlelse, den har han givet luft mange steder, men som stemningsmenneske har han udtryk for de mest forskelligartede og vekslende følelser, og han kæmper tappert mod sin pessimisme, denne er nemlig ikke tilladelig for en ret stoiker. Skønt af naturen sky og næsten menneskefjendsk, foreholder han sig ideligt, at han *bør* være menneskekærlig, og i sin livsvandel gennemførte han dette. Skønt næppe anlagt for regentvirksomhed eller hærførervirksomhed foreholdt han sig sine pligter og gennemførte dem. Selvtugt er et af hans væsens kendetegn, selvtugt og pligtopfyldelse.

Denne mandige selvtugt er vel kernen i hans stoicisme, men da han tillige var stærkt religiøst bevæget, så klamrede han sig til stoicismen som til en *religion* og søgte dér varme for sin sjæl — rørende er hans hymne til »Alnaturen« IV, 23 —, men søgte den jo forgæves, for der er ingen varme i denne dogmatiske isblok.

Engang i sin ungdom brød han med sit hjertes længsler, sine forfatteraspirationer, sine elskede bøger og sin poesi, og kastede sig i stoicismens arme; han gjorde det for sin sjæls skyld, for at » redde sit jeg«; han troede at nu var det livets sande lykke han havde fundet. Men han blev ingen lykkelig mand. Et længselsudbrud som det IV, 3 efter et fristed, et » feriested«, eller et sjælens jamrende råb efter renhed og fred og fuldkommenhed som det i X, 1 påkalder vor inderlige medfølelse. Og nu, efter snart to årtusinders forløb, læser vi i denne rene sjæl med en deltagelse, som er meget varmere end blot litterær interesse.

» Lire Marc Aurèle, c'est lire dans une âme.«

EFTERORD

MARCUS' KARAKTER. KÆRLIGHEDEN TIL HAM.
KRITIKKEN OVER HAM.

Der er andre vidnesbyrd om Marcus Aurelius' sjælelige karakter end det, hans »Tanker til sig selv« afgiver. Samtidige vidnesbyrd er også de under ham og af ham givne love, humane og hensynsfulde foranstaltninger fx om fattigvæsen, forsyningsvæsen, formyndervæsen, retsplejen o. a., hvorom også hans historieskriver Julius Capitolinus taler meget, og siger at han ved sin optræden og foranstaltninger »gjorde dårlige mennesker til gode mennesker, og gode mennesker til ypperlige mennesker«, og at han »ved sit levneds renhed (*sanctitate*) overgik alle kejsere«.

Om M.'s uendelige mildhed mod misdædere har Capitolinus mange eksempler. Capitolinus er vel ikke samtidig kilde (han skrev under Diocletian, altså ca. 150 år senere, og er som stilist noget ubehændig, dog er det jo ikke stilen det her kommer an på); men når også en anden historiker (ligeledes under Diocletian, nemlig Vulcatius Gallicanus, selv af ringe betydning, men som et par steder erklærer at bygge på en mere samtidig kilde) også anfører eksempler på Marcus' mageløse mildhed, så tør vi nok citere de to historikere som vidner, især da deres eksempler stemmer så nøje med hvad vi har hørt Marcus selv udtale som sine principper, således i XI, 18, niende leveregel: »Det velvillige sindelag er noget uovervindeligt. Selv det frækkeste menneske, hvad kan han gøre dig, han bliver jo afvæbnet, hvis du vedbliver at være venlig mod ham og taler godt for ham og retleder ham.«

Eksempler fra Capitolinus. (»Nogle siger«:) Da Marcus' hustru Faustina engang ved at se gladiatorkampe var blevet forelsket i en gladiator, tilstod hun sagen for sin mand. Denne betragtede det som en sygdom og rådspurgte kaldæerne (stjernetydere, magiske vismænd) som M. altså troede på. Disses besynderlige råd, Capitolinus kap. 19, vedkommer os ikke her, men den søn. Faustina fødte, nemlig Commodus, den senere kejser, gjaldt for at være denne gladiators søn, »sandsynligt nok«, siger Capitolinus.

Det vil dog være retfærdigt mod Faustinas minde at bemærke, at portrætter af hendes søn Commodus — både buster og møntbilleder — frembyder åbenbar ansigtslighed med Marcus Aurelius.

Marcus plejede at erkyndige sig om, hvad folk sagde om ham, hvorefter han rettede de fejl hos sig, som han havde erkendt.

I statsrådet erklærede Marcus (»altid«, siger Cap. uvederhæftigt), at »det er rimeligere, at *jeg* følger så mange og så dygtige venners råd, end at så mange og så dygtige venner følger *min*, en enkeltmands, vilje«.

M. holdt ikke af at straffe. »Han straffede alle forbrydelser med mildere straffe end de plejede at straffes med efter lovene, dog undtagen de allerværste.«

Efter Avidius Cassius' oprør forbød han senatet at straffe Cassius' medskyldige; og særlig ville han ikke have nogen senator dræbt, »for at hans kejserdømmes tid ikke skulle besmittes«. De deporterede lod han kalde tilbage; de byer, som havde deltaget i oprøret, tilgav han, og viste godhed mod Cassius' børn.

Eksempler fra Vulcatius. Advaret mod oprøreren Avidius Cassius, svarede Marcus: »Hvis det var gudernes vilje at Cassius skulle regere, så kan vi ikke dræbe ham, selv om vi vil.... Og lad mine børn kun gå til grunde, hvis Avidius mere fortjener at elskes end *de*, og hvis det vil gavne riget mere, at Cassius lever end at mine børn lever« (!).

Da Cassius var blevet dræbt af sine egne, så »smertede det M., at han nu ikke var i stand til at tilgive ham«, og han sagde, at »han havde ønsket at få ham levende i sin magt, for at han kunne foreholde ham sine velgerninger mod ham og derpå skænke ham livet«. Og da man bebrejdede ham hans mildhed som overdreven, sagde han: »Jeg har ikke dyrket guderne sådan, og jeg har ikke ført mit liv sådan, at *han* skulle kunne sejre over *mig*.« Og efter Marcus's tale i senatet om tilgivelse til oprørerne og gunstbevisninger til Cassius' børn: »Lad dem leve i tryghed, i fred, i rigdom, vidende, at de lever under Marcus.... Bevar, forsamlede fædre, min — nej *eders* — godhed og mildhed«, — så udbrød senatet i råb: »Antoninus den gode og fromme! Guderne bevare dig! Antoninus den milde! Guderne bevare dig!«

— Også den store auktion, som Capitolinus beretter at M. lod afholde på Trajanstorvet over de kejserlige klenodier o. a. for at bøde på statens skatkammer, og som varede to måneder, kan her anføres.

At en fyrste af sådan karakter måtte blive elsket, har vi vidnesbyrd nok om. Vi hørte ovenfor senatets råb: »Gode, fromme, milde!« Men allerede mens Marcus endnu kun var kejserprins, så man hans billeder alle vegne, hos vekselererne, i butikkerne, i vestibulerne, i vinduerne, siger Fronto i et brev til ham. Og Capitolinus: »Da han således havde regeret, mødt af alles kærlighed, og både kaldtes og elskedes af alle som broder, som fader, som søn — alt efter hvers alder —, sluttedes hans liv i 61 års alderen. Og på selve begravelsesdagen åbenbarede sig folkets kærlighed til ham så klart, at ingen klagelyd hørtes, idet alle var visse på, at han nu, som et nådigt lån fra guderne til menneskene, nu var vendt tilbage til guderne.... Og det blev regnet for helligbrøde, hvis man ikke havde hans billede i sit hus. Og den dag i dag [dvs. under Diocletian] står i mange huse Marcus' statuer imellem husguderne. Ja der var folk som mente at have hørt i drømme Marcus forudsige mange ting som senere virkelig indtraf.« At den døde M. også fik et tempel og præsteskab o. m. m. hørte til den almindelige kejserkultus. Men Capitolinus fortsætter: »Og endnu holdes han for en gud, sådan som I selv, højhellige kejser

Diocletian, altid har antaget og antager, I som ærer ham mellem
eders husguder, ikke som de andre guddomme, men med en sær-
lig ærbødighed, og ofte siger, at I kunne ønske at være som han
i livsførelse og i mildhed; om end i visdom (*philosophia*) ikke
engang Platon kunne, om han vendte tilbage til livet, være som
han.«

Til hans eftermæle hører vel også, at talrige kejsere efter ham
antog hans navn: Elagabal(!), Alexander Severus, Claudius Go-
thicus, Probus, Carus, Maximianus, Maxentius. Og den superla-
tive indskrift der til dels er bevaret fra hans triumfbue[1].

I det ejendommelige causeri ved navn »Kronosfesten«, som
kejser Julian forfattede 200 år efter Marcus Aurelius, og hvori
han i lukiansk stil, men uden synderligt lukiansk vid gør nar af
næsten alle sine kejserlige forgængere, bliver ene Marcus Aureli-
us behandlet med beundring og ærbødighed. De afdøde kejsere,
inden de stedes til den store gudefest, adspørges om deres livs
gerninger og derefter om deres livs principper og formål. De an-
dre svarer i egenkærlig eller magtsyg eller forfængelig ånd; ene
Marcus siger om sit livsmål: »At efterligne Guderne.« Hvad
mener du med det? spørger Silenos. Marcus svarer »Selv at be-
høve det mindst mulige, men gøre vel mod de flest mulige.« —
Dette er smukt, og ganske talt i »Tankerne«s ånd.

Man skulle mene, at M. med en sådan karakter og omgivet af
en sådan beundring og kærlighed måtte have været en lykkelig
mand. Hans tanker viser tilstrækkeligt, at han var det ikke, i sti-
gende grad ikke. Man kan måske til forklaring herpå vove den
påstand, at en idealist, som er idealist til bunds, når han tillige er
i besiddelse af moralsk kritik, så kan han vanskelig være lykkelig
mellem mennesker, og endnu vanskeligere være lykkelig med sig
selv.

---

1) Der står bl. a.: »Ved at tilintetgøre eller undertvinge de mest krigeriske folkeslag
   har han overgået alle de største feltherrers glorie«(!)

Dette skal dog ikke uddybes nøjere her. Der er nemlig for Marcus' vedkommende også noget andet at anføre. Jeg mener ikke just det med hustruen og det med sønnen, den lidet lovende Commodus, for dér synes han at have været blind eller at have gjort sig blind. Men jeg tænker på den sandhed, at store sorger ofte nager mindre end små stik, og at mange bærer ulykker bedre end de bærer kritik.

Den som med opmærksomhed læser vidnesbyrdene om Marcus' mildhed og godhed, såvel dem i hans »Tanker« som de nys anførte, han vil næppe kunne undlade hist og her at ledsage sine beundrende følelser med et lille skuldertræk. Til eksempel: At tro at forbrydere bliver afvæbnet blot ved at man snakker kærligt til dem, det er smukt, men ikke at anbefale som regel og til stadighed; det er et farligt eksperiment, sådan som virkeligheden nu engang er. — At skrive til sin hustru, at deres fælles børn gerne kan gå pokker i vold (*plane pereant*), hvis en rigsoprører mere fortjener at blive kejser end de, er måske nok af en vis højhed i moral, men ikke af en sådan moral, at børnenes moder vil synes om den; Faustina skrev da også (efter Vulcatius) et svar med tilstrækkelig bitterhed i. — Når ens hustru kommer og melder, at man står for tur at blive hanrej, så at spørge kaldærer til råds, er såre hensynsfuldt mod hustru og elsker, men lidet virksomt til forebyggelse af tilfældet. — Endvidere: at Marcus med den pinligste omhu, midt i en temmelig religionsløs tidsalder, personligt udførte endog underordnede tempeltjenester og antikverede ceremonier, var respektabelt gjort af en troende eller en der ville være troende; men dog — en verdensrigets kejser, der optrådte som Romulus eller Numa Pompilius for otte ni hundrede år tilbage, det syn må datidens publikum have fundet lidt komisk. — At han under circuslegene havde vane at sidde i den kejserlige loge og læse eller også afhøre folk og gøre notitser, det »skal folk ordentlig have let af«, siger Capitolinus. — Samme forf. siger også, at da M. ved en lejlighed, mod sædvane, udskrev gladiato-

rer til krigstjeneste og altså derved berøvede folket i Rom dets
største fornøjelse, så hed det (ikke uvittigt), at nu skulle folket
altså i stedet for gladiatorer tvinges til den fornøjelse at høre
på kejserens filosofiske foredrag. Ganske rigtigt: før afrejsen til
markomannerkrigen, siger Vulcatius, holdt kejseren »på opfor-
dring« filosofiske foredrag tre dage i træk. Disse foredrag skulle
forbedre folket og forbedre soldaterne. Overfeltherren forbedre
militæret med filosofi! med filosofi, det mest umilitære af alle
fag! Men »filosoffen«, det var for Marcus idealmennesket: han
havde (»altid«, siger igen Capitolinus) i munden Platons ud-
talelse, at »staterne ville blomstre, hvis enten filosoffer kom til
magten eller magthaverne var filosoffer«. I sandhed, filosofisk
tænkt, men praktiske folk, de vil ryste på hovedet. Det gjorde
folk da også; midt i kærligheden og beundringen var der nogen
hovedrysten og smilen og trækken på skulderen, det mærker man
tydeligt, også af adskillige steder i selve »Tankerne«.
     At der desuden var mere, ses af det følgende.
     Den dygtige feltherre Avidius Cassius, han der senere gjorde
oprør og tillagde sig kejsernavnet, havde kaldt M. »en gammel
kælling af en filosof« og »en filosofisk snakkemaskine«. Og i et
brev, som hans historieskriver Vulcatius citerer, står der: »Den
sølle Marcus, så rar og så god, som i ivrighed efter at kaldes »den
milde« lader dem beholde livet, hvis liv han selv ikke billiger«
[Cassius sigter til nogle korrumperede højtstående embeds-
mænd, som han mente, at M. holdt sin hånd over]. Og: »Hvor
er [under Marcus] den fordums romerske disciplin blevet af?«
og »Marcus Antoninus filosoferer og anstiller undersøgelser om
de fire elementer og om sjælen og om definitionen på hæderlig-
hed og retfærdighed, men for statens styrelse og rigets anliggen-
der har han ingen sans.«
     Sådan blev der altså talt, og det var mere end hovedrysten og
trækken på skulderen. Det er ligegyldigt, om kursen på Vulcatius
som historiker for tiden noteres under pari, og om Avidius Cassi-

us' brev er ægte eller uægte: sådan blev der talt, fordi sådan måtte der blive talt om en sådan mand på en sådan plads. Og Marcus har været sig dette særdeles bevidst.

Meget selvfølende og meget ømfindtlige mennesker har det ved sig, at selv den mindste kritik fra deres side som de dog véd holder af dem, bliver regnet for fjendtlighed og venskabs opsigelse og forræderi; endvidere: gennemførte idealister kan ikke rammes pinligere, end når man håner dem netop på de punkter, hvor de tror at deres idealitet stråler skønnest. Marcus var både selvfølende og meget ømfindtlig og gennemført idealist. Han led, følte sig uforstået og åndelig ensom —»som på et bjerg; kan de ikke tåle dig, så lad dem slå dig ihjel«, siger han i x, 15 —, han klagede over menneskenes »utaknemmelighed«, over mennesker, »som man kan *vegetere* sammen med, men ikke *tænke* sammen med«; »O hvilken kval at være i disharmoni med sine omgivelser.«

Dertil kommer noget meget afgørende.

Den opmærksomme læser af »Tankerne« som også af de ovenstående supplerende vidnesbyrd må ofte have følt et spørgsmål rejse sig, det samme som ideligt foresvævede mig, oversætteren, under arbejdet. Hvorledes er det overhovedet muligt, at et menneske af Marcus' karakter, så lidet politisk og praktisk anlagt, så øjensynligt bogmenneske, så ude af stand til hårdhændet optræden mod andre, så uinteresseret i det reale liv, så stemningsvekslende, så blød og over-retfærdig, ja og tillige så pirrelig — hvorledes er det muligt, at han har kunnet regere, som enevældig, over verdensriget i det meste af en snes år, og regere godt, sådan at han i verdenshistorien, lige ned til historiebøgerne i alle landes skoler, står som en af verdens aller bedste regenter? Og at han, med sit ultra-civile professorvæsen og sine katederdyder, personligt har kunnet være øverstkommanderende i felten gennem det halve af sin regeringstid, holde slag, døje strabadser og besejre alle rigets fjender? Hvorledes er det muligt?

Svaret, som jeg tøvende og efterhånden er kommet til — tøvende, fordi det altså står i modstrid med den gængse opfattelse og med den lunefulde overappellationsret, som man kalder »historiens dom« — men svaret er dette: det *er* heller ikke muligt. *Andre* har regeret, og regeret godt, i hans navn, men ikke i hans ånd, — for *han* ville ikke have kunnet virkeligt regere. *Andre* har kommanderet hærene og besejret fjenderne, i hans navn, min ikke i hans ånd — for *han* ville ikke have kunnet massakrere fjender, han som siger (»Tanker« x, 10), at den som omringer og fanger en hob sarmater [rigets fjender], er med hensyn til røverisk sindelag ikke bedre end edderkoppen der har fluer i garnet! Sådan taler en fortræffelig højskoleforstander, men absolut ikke nogen fortræffelig feltherre.

Lad være at M. noget har inspireret lovgivningen, det har han vel nok. Men ellers: Så var han altså ingen »god« feltherre, ingen »god« kejser?

Jo, alligevel. Men i den forstand, at han, den enevældige, har indset nødvendighederne, har godkendt de andres forslag, deres som havde fagforstand og fagdygtighed; — i sine »Tanker« har han protesteret i filosofiens navn, men disse tanker har han holdt »for sig selv«. Han var aldeles ikke nogen svag karakter, aldeles ikke nogen nikkedukke, han har indset det praktisk rigtige — men det praktisk rigtige har været hans inderste sjæl en pine, en uforklarlighed, men en nødvendighed. Han har ingen sympati haft med »disse mennesker«, men han har indset, at de regerede sundt, skønt det ikke syntes sundt for filosofiens øjne; men det *er* nu sådan, så må det altså også være rigtigt sådan, trods alt (XII, 5), for også disse mennesker hører til kosmos, og i kosmos kan intet være urigtigt. Så tugtede han sig da op til at vise »disse mennesker« uforanderlig tillid og uforanderlig venlighed, fordi sådan var hans pligt mod riget. Den regent, som nok tænker som en filosof men lader regere som om han var praktiker, og som forstår at skjule sin indre sønderrevethed under ydre pligtopfyldelse, han er ingen dårlig regent.

Så har vel også de fleste af »de andre«, de egentlige praktike-
re, de har vel nok — om end med lidt hovedrysten og lidt smil
— i deres herre erkendt kejseren, som de ikke kunne andet end
ære og elske, erkendt den gode kejser. De derimod med hånen og
uviljen, de kunne ikke klare sig over for godheden: En Avidius
Cassius kunne nok, som dygtig militær, få et oprør sat på benene,
men han blev hurtigt slået ned »med alles billigelse undtagen
antiochensernes«, siger Vulcatius.

Det er godt for et samfund at have ædelttænkende mennesker
iblandt sine borgere, selv om disse ædle ikke er praktikere; det er
usigelig godt for et rige at have den ædleste oppe i rigets spids,
han prædiker fra bjerget og høres af alle, gode tanker lister sig ind
i manges hjerter. Det er i sandhed den gode kejser, om hvem det
kan siges, at »han gjorde dårlige mennesker til gode mennesker,
og gode mennesker til ypperlige mennesker«. Må jeg sammen-
ligne det større med det mindre; må jeg tage et eksempel fra litte-
raturen, som vi vel alle kender? Doktor Strong, skolebestyreren
hos Charles Dickens, var som rektor en ganske upraktisk mand,
endog en smule naragtig, men han var det ædleste menneske og
elsket og æret af lærere og disciple. Følgen var, at Doktor Strongs
skole var den bedste skole i hele Kent. På samme måde siger vi,
at *Marcus Aurelius Antoninus Philosophus* var den bedste kejser i
det gamle romerske rige — skønt denne bog jo ikke har beskæf-
tiget sig med hans kejsergerning, men kun med hans tanker og
karakter.

OVERSKRIFTER TIL DE ENKELTE STYKKER